HEN IN JUGENDSZENEN 1

Hrsg. von Frank Lauenburg

Frank Lauenburg

40 Jahre Skinheads
Jugendszene und
Arbeitermythos

Martin Meidenbauer Verlagsbuchhandlung

Bibliografische Information der Deutschen Nationalbibliothek

Die Deutsche Nationalbibliothek verzeichnet diese
Publikation in der Deutschen Nationalbibliografie;
detaillierte bibliografische Daten sind im Internet
überhttp://dnb.d-nb.de abrufbar.

© 2009 Martin Meidenbauer
Verlagsbuchhandlung, München

Textkorrektor: Rebecca Richter

Gedruckt auf
chlorfrei gebleichtem, säurefreiem und
alterungsbeständigem Papier (ISO 9706)

m-press ist ein Imprint der
Martin Meidenbauer Verlagsbuchhandlung

ISBN 978-3-89975-695-1
Verlagsverzeichnis schickt gern:
Martin Meidenbauer Verlagsbuchhandlung
Erhardtstr. 8
D-80469 München

www.m-verlag.net

Inhaltsverzeichnis

Vorwort

Die hier vorliegende Arbeit entspricht zu großen Teilen meiner im Herbst 2007 an der Universität Rostock vorgelegten Staatsexamensarbeit im Bereich der Soziologie. Diese bildete somit den Abschluss meines Studiums der Fächer Sozialwissenschaften und Geschichte für das Lehramt an Gymnasien. Für eine Veröffentlichung erschienen mir einige strukturelle Veränderungen notwendig. Die Hauptergänzung erfolgte durch den Abschnitt „Von Subkultur über Jugendkultur zu Jugendszenen und zurück – Zum Begriffsdiskurs innerhalb der Jugendkulturforschung" und dem „Nachwort – Zukunftsaussichten für die Jugend-Szene der Skinheads". Ersterer erschien als theoretische Grundlegung der Begriffsverwendungen notwendig, um meine schon damals erfolgte Einordnung des klassenorientierten Ansatzes des Centre for Contemporary Cultural Studies vertiefen zu können. Das Nachwort entspricht zum Großteil einem Aufsatz, welcher Anfang 2007 auf der Internetplattform „jugendszenen.com" des Dortmunder Soziologen Prof. Dr. Ronald Hitzler mit dem Titel „,DAWNING OF A NEW ERA' and ,SKINHEAD MOONSTOMP' or ,LAST OF THE SKINHEADS' and ,THIS IS THE END...I'VE GOT TO GO NOW, NEVER COME BACK' – Zukunftsaussichten für die Jugendsubkultur der Skinheads" veröffentlicht wurde.[1]

Ziel der Veröffentlichung war eine Rekapitulation der zeitlich bedingten Entwicklung der Jugend-Szene der Skinheads; 1969 entstanden veränderte diese sich nur wenig in ihrer Ausprägung. Somit bleibt jedoch die Frage bestehen, ob das zentrale konstituierende Merkmal der Skinhead-Szene, der Anspruch *die* Jugend-Szene der Arbeiterschicht zu sein und somit ein authentisches Arbeiterimage zu pflegen, heute – vierzig Jahre nach dem Entstehen der Szene – noch akut ist oder ob dieser Anspruch nicht (mehr) der Realität entspricht.

Gleichzeitig wird damit die wissenschaftliche Reihe „Mythen in Jugend-Szenen" gestartet, welche sich der Fragestellung der Mythenbildungen innerhalb verschiedener Jugend-Szenen (interdisziplinär) widmen soll. [Interessierte Autoren können sich gerne direkt an den Verlag oder an mich (den Herausgeber) wenden.] Ziel dieser Arbeit ist es damit, Mythenbildung innerhalb von Jugend-Szenen – hier am Beispiel der Skinhead-Szene – zu untersuchen: „40 Jahre Skinheads – Jugendszene und Arbeitermythos", lautet daher der Titel des ersten (und hoffentlich nicht letzten) Bandes der Reihe „Mythen in Jugend-Szenen", denn Mythen existieren in hier en masse!

---

[1] Dieser Text steht auch weiterhin als kostenloser Download zur Verfügung:

http://www.jugendszenen.com/media/docman/zukunft_der_skinheads.pdf

I. Einleitung

Fragestellung

Bis heute hält sich die Vorstellung, dass hauptsächlich *Jugendliche aus Arbeiterschichten* verschiedene Formen *subkultureller Stile* entwickelten und prägten – daher zeichnet sich seit etwa Mitte der 1980er Jahre ein begrifflicher Wandel von der *Subkultur* zur *Jugendkultur*, oder besser zu *Jugendkulturen*, hin ab.[2] Heute hingegen wird eher der Versuch unternommen, von *Szenen* zu sprechen, da dieser Terminus die marginalen inneren Bindungen wohl stärker darstellen kann.[3] In der gleichen einseitigen Vorstellung einer subkulturellen Prägung als Element einer Arbeiterschicht spricht auch Christian Menhorn: *„Überhaupt waren es bis heute vorwiegend Jugendliche aus der Schicht der Arbeiter und der*

---

[2] Dieser begriffliche Wandel stellt sich u.a. bei Dieter Baacke dar, der in den 1970er Jahren noch von „Jugend und Subkultur", in der darauf folgenden Auflage von 1987 dann jedoch von „Jugend und Jugendkulturen" sprach.

Vgl.: *Baacke, Dieter*: Jugend und Subkultur. München 1972.

Ders.: Jugend und Jugendkulturen – Darstellung und Deutung, 4. Auflage. München, Weinheim 2004. [Originalausgabe von 1987.]

[3] Diese begriffliche Differenzierung wird im Kapitel **II Begriffsdiskurs** weiter ausgeführt, hier somit nur grundlegendes:

Vgl. hierzu u.a.:

Bucher, Thomas; Tepe, Daniel: www.jugendszenen.com – Szeneforschung im Internet. In: Journal der Jugendkulturen, Jg. 4 (2002), Heft 7, S. 88-91.

Hitzler, Ronald; Bucher, Thomas: Forschungsfeld „Szenen": Ein terminologischer Vorschlag zur theoretischen Diskussion. In: Journal der Jugendkulturen, Jg. 2 (2000), Heft 2, S. 42-47.

Hitzler, Ronald; Bucher, Thomas; Niederbacher, Arne: Leben in Szenen – Formen jugendlicher Vergemeinschaftung heute, 2., aktualisierte Auflage. Wiesbaden 2005.

Hitzler, Ronald; Pfadenhauer, Michael: Lernen in Szenen – Über die „andere" Jugendbildung. In: Journal der Jugendkulturen, Jg. 9 (2007), Heft 12, S. 53-58.

Rohmann, Gabriele: Spaßkultur im Widerspruch – Skinheads in Berlin. Bad Tölz 1999, S. 59ff.

Hingegen hat sich der Versuch der Verwendung des Begriffes der Stammeskulturen von Klaus Farin (bisher) nicht durchgesetzt.

Vgl.: *Farin, Klaus*: Jugendkulturen und Jugendszenen – Jugendliche Stammeskulturen in Deutschland. Göttingen 2001.

Farin, Klaus; Meyer-Guckel, Volker: Artificial Tribes. Jugendliche Stammeskulturen in Deutschland – Einleitung. In: *Farin, Klaus; Neubauer, Hendrik* (Hrsg.): Artificial Tribes – Jugendliche Stammeskulturen in Deutschland. Berlin 2001, S. 7-29.

unteren Mittelklasse, die subkulturelle Lebensstile als Ausdruck der Rebellion gegen bestehende gesellschaftliche Zwänge schufen und weiterentwickelten."[4] Von den heute noch existierenden Jugend-Szenen wird der der *Skinheads* am ehesten zugeschrieben, dass sie eine *Jugend-Szene der Arbeiterschicht* sei, aber entspricht dies auch der Wahrheit? Selbstdarstellungen von deutschen Skinheads sehen meist so aus: *„Arbeiterklasse ist die Schicht, aus der meine Eltern kommen und leben, genau wie ich auch. Und in der heutigen Zeit ist es relativ aussichtslos, ‚Karriere' zu machen, wenn man aus ‚bescheidenen' Verhältnissen kommt. Also bleibt einem nichts anderes übrig, als sich damit abzufinden und einen gewissen Stolz zu entwickeln."*[5], so der 26-jährige Ugly. Hier findet sich das Argument: „Ich entstamme der Arbeiterschicht, kann dieser nicht entkommen und entwickle daher einen *Stolz* zu ihr." *„Arbeiterklasse bedeutet für mich, in der Woche zur Maloche zu gehen und am Wochenende mal abzuschalten."*[6], Mario (20).

„Man muss das alles zeitlich versetzt sehen. [...] In England hast du als Kind einer Arbeiterfamilie auf den Gemüsemarkt arbeiten gehen müssen, das war schon ‚Working class'. [...] Ich habe aber, seit ich 16 war, immer nebenher gearbeitet um mehr Geld zu haben, da mein finanzieller Background nicht so gut war. Ich konnte nicht von Beruf Student oder Sohn sein."[7], so Michael zum Stichwort Working Class. Ähnlich äußerte sich der 26-jährige Arne: *„Sicherlich ist es keine notwendige Bedingung dafür, Skin zu sein (oder sich als solcher zu fühlen), daß man einen Handwerksberuf erlernt hat und ihn nun unbedingt bis zur Rente ausübt. Allerdings hat Skin wohl viel mit gesellschaftlich eher unterprivilegierten Schichten zu tun. [...] Man sollte sich jedoch nicht zu schade sein, sein Geld [...] mit seinen Händen zu verdienen. Intellektuelle Abgehobenheit hat garantiert nichts mit Skins zu tun."*[8] Hier äußert sich weniger ein reales Verständnis von Arbeiterklasse, als mehr die Tatsache *arbeiten* zu gehen, es beschränkt sich jedoch nicht auf handwerkliche Arbeit, sondern eben auf Arbeit allgemein. *„Für mich ist es schon wichtig, daß man als Skinhead zur arbeitenden Bevölkerung gehört. Ich meine, nicht nur so als Stahlkocher oder auf'm Bau, aber irgendwie sollte man seinen Lebensunterhalt schon selbst verdienen. [...] Ich komme aus der Arbeiterklasse, ich gehöre zur Arbeiterklasse, und ich bin verdammt stolz darauf, zu arbeiten und nicht jahrelang auf Kosten meiner*

---

[4] *Menhorn, Christian:* Skinheads – Portrait einer Subkultur. Baden-Baden 2001, S. 13.

[5] *Farin, Klaus* (Hrsg.): Skinhead – A Way Of Life – Eine Jugendbewegung stellt sich selbst dar, Neuauflage. Berlin 2005, S. 58.

Jegliche Zitate innerhalb dieser Arbeit sind wortgetreu übernommen worden – Orthographie und Grammatik wurden (der Authentizität halber) nicht verändert!

[6] Ebenda.

[7] *Messics, Markus:* Skinheads – Antirassisten oder „rechte Schläger"? Münster 2006, S. 108.

[8] *Farin, Klaus* (Hrsg.): Skinhead, S. 58.

Eltern zu studieren."[9], so ein anderer 21-jähriger Skinhead. Oder der gebürtige Grazer Skinhead Herbert: *„Es ist nicht wichtig, woher man kommt, man muss nur mit einem festen Ziel vor Augen durch das Leben schreiten. Wenn ich aber 15-jährige Bubis sehe, die von Mama und Papa alles reingesteckt bekommen und dann auf Skinhead machen, gibt mir das schon zu denken."*[10] Aber es gibt auch gegensätzliche Ansichten hierzu: *„Wer das ‚Vorankommen' im Beruf, und dazu gehört manchmal auch das Studium, die Banklehre etc., als ‚Nicht-Working-class' verurteilt, ist ein neidvoller Idiot. Wenn jemand körperlich schwer arbeiten will, kann er auch ins Fitness-Center gehen."*[11] *„Der Begriff wird mehr als Metapher für eine gewisse Bodenständigkeit und als Abgrenzung zur allgemeinen Luxus-Orientierung benutzt."*[12], meinte Christian (28). Oder der 31-jährige Stefan: *„Naja, dieses ‚Working Class' war vielleicht einmal [...] aber es ist halt nicht mehr ‚up to date'. Die Klassen haben sich halt irgendwie verschoben. Man darf das nicht so ernst sehen."*[13] Letztere Argumente stammen in der Regel von Skinheads, die selbst Studenten sind – sie weiten das Bild des Arbeitens stärker aus, so dass auch sie Teil einer Working Class sind – auch hier steht eben nur das *Arbeiten* im Vordergrund und nicht die *Art der Arbeit* oder der *Weg*, der zu dieser Arbeit geführt hat.

Am ehrlichsten erscheint jedoch solch eine Aussage: *„Ich könnte mir zum Beispiel nicht vorstellen, in einer Bank oder im Büro zu arbeiten (mit feinem Zwirn und Krawatte) und dann abends meine Boots und die Bomberjacke anzuziehen und betrunken, laut grölend mit Biersäule in der Hand mit meinen Kumpels durch die Straßen zu eiern. Man wird in einem gehobenen Job zu sehr wegen seinem äußeren Erscheinungsbild, seinem Umgang und seiner Kleidung unter Druck gesetzt. Ich denke, es läßt sich einfach besser als Skinhead leben, wenn man Arbeiter ist."*[14], meinte der 25-jährige Volker. Hier geht es weniger um ein irgendwie geartetes Bild einer (selbst) kreierten Working Class, sondern es geht um das individuelle Lebensgefühl. Der hier zitierte Volker hat bestimmte Lebensvorstellungen, die mit einem gesellschaftlich vorgegebenen Image nicht kompatibel sind, und hieraus leitet er seine Working-Class-Definition ab. Skinheads scheinen daher nicht unbedingt aus der Arbeiterklasse zu stammen, trotz alledem kreieren sie meist für sich individuelle Vorstellungen einer Working Class, die weniger eine soziale Schicht darstellt, als mehr eine bestimmte *Le-*

---

[9] *Farin, Klaus* (Hrsg.): Skinhead, S. 59.

[10] *Messics, Markus*: Skinheads, S. 124.

[11] *Farin, Klaus* (Hrsg.): Skinhead, S. 59.

[12] Ebenda, S. 60.

[13]*Messics, Markus*: Skinheads, S. 117.

[14] *Farin, Klaus* (Hrsg.): Skinhead, S. 60.

bensvorstellung – wie diese konkret aussieht und warum diese als Working Class definiert wird, soll in dieser Arbeit geklärt werden.[15] Als zentrale Grundlage werden hierbei frühe Aufsätze des *Centre for Contemporary Cultural Studies* berücksichtigt werden, da sich hieraus die ersten und zum Teil noch bis heute authentischsten Darstellungen über die Skinheads ergeben – viele spätere Autoren, wie beispielsweise Klaus Farin, übernahmen diese Äußerungen in großem Maße. Auf dieser Basis bildet das Konzept der *Jugend-Szene*, welches hier vorläufig übernommen werden soll, eine *soziale Einheit*, die durch verschiedene *Zugehörigkeitskriterien* wie dem Alter, dem Geschlecht, der ethnischen Zugehörigkeit, der Konfession, der Schicht und ähnlichem gekennzeichnet ist. Diese Jugend-Szenen werden hier als *Teilkulturen* betrachtet, die zwar mit den Werten und Normen der *dominanten Kultur* übereinstimmen (können), aber gleichzeitig auch die Werte und Normen modifizieren (können) und sich hieraus eigene Varianten derselben kreieren (können).

Forschungsstand

Der Forschungsstand lässt sich in zwei Ebenen unterscheiden, welche sich teilweise überschneiden. Die horizontale Ebene beschreibt hierbei die *Art der Wahrnehmung*. Entweder es handelt sich um eine *innere Sicht*, hier verstanden als eine Form der *Selbstdarstellung*, oder um eine *äußere Sicht*, hiermit sind Werke gemeint, die von *Nichtmitgliedern* der Szenen gefertigt werden. Die innere Sicht beschreiben vor allem diverse *Fanzines*, welche im Folgenden jedoch nicht weiter berücksichtigt werden.[16] Eine andere Möglichkeit der Selbstdarstel-

---

[15] Die hier genutzten Zitate von deutschen Skinheads stammen, wie angegeben, aus dem Werk „Skinhead – A Way Of Life" von Klaus Farin oder „Skinheads – Antirassisten oder ‚rechte Schläger'?" von Markus Messics – diese sind freilich nicht die einzigen Selbstdarstellungen von Skinheads; andere Studien bestätigen dieses selbst kreierte Bild einer diffusen Working Class, so beispielsweise auch Interviews mit deutschen Skinheads, welche zwischen Mai 2006 und August 2007 von mir durchgeführt wurden.

Vgl.: *Lauenburg, Frank*: Jugendszenen und Authentizität – Selbstdarstellungen von Mitgliedern aus Jugendszenen und szenebedingte Authentizitätskonflikte, sowie ihre Wirkungen auf das (alltägliche) Szene-Leben. Wien u.a. 2008. [Hier: S. 117ff.]

[16] Entgegen der gängigen Argumentation wird Fanzines hier keine größere Bedeutung beigemessen. Das klassische Fanzine ist in der Regel ein einfach hergestelltes, meist selbstkopiertes, unprofessionelles, bis höchstens semiprofessionelles Magazin von Szenegängern, in denen sie ihre Erlebnisse öffentlich machen. Der thematische Fokus ist hier sehr persönlich gehalten und bespricht in der Bandbreite somit nicht mehr als die Erlebnisse einer (kleinen) Clique. Daraus folgt, dass an gängigen Fanzines kein größeres Interesse besteht, als eine (mündliche) Kommunikation innerhalb solch einer Clique. Daher ist der Verbreitungsgrad eines klassischen Fanzines regional, wenn nicht sogar nur cliquenintern, begrenzt. Aus dieser Analyse heraus kann nicht davon ausgegangen werden, dass klassische Fanzines überregionale identitätsstiftende Merkmale erzeugen können.

lung bieten *Musikgruppen* und deren *Musiktexte*. Analysen von Texten diverser Skinheadbands liegen seit längerem vor, wobei sich diese Analysen in der Regel auf die Musiktexte *rechter Skinheadbands* konzentrieren und hiermit nur einen Ausschnitt des umfangreichen Skinheadspektrums zeigen.[17]

Etwas anders verhält sich diese Einschätzung bei professionell gestalteten (Hochglanz-) Magazinen. Diese besitzen jedoch andere Ansprüche, als klassische Fanzines. Während die Macher klassischer Fanzines in der Regel nur kostendeckend arbeiten, wollen die Gestalter von (Hochglanz-) Magazinen Gewinne erzielen. Somit können diese zwar identitätsstiftende Merkmale erzeugen, jedoch geschieht dies in der Regel nicht mehr von eigentlichen Szenegängern.

Auf der Grundlage dieses Verständnisses von klassischen Fanzines und (Hochglanz-) Magazinen werden hier beide nicht berücksichtigt werden.

[17] Vgl.:

Annas, Max: Diktatur und Alltag – Bilder aus der Heimat. In: *Annas, Max; Christoph, Ralph* (Hrsg.): Neue Soundtracks für den Volksempfänger – Nazirock, Jugendkultur und rechter Mainstream, 2. Auflage. Berlin 1993, S. 71-85.

Annas, Max; Christoph, Ralph: Karriere in Deutschland – Herbert Egoldt und Rock-O-Rama. In: *Baacke, Dieter* [u.a.] (Hrsg.): Rock von Rechts. Bielefeld 1994, S. 147-152.

Christoph, Ralph: Hitler's back in the charts again. In: *Annas, Max; Christoph, Ralph* (Hrsg.): Neue Soundtracks, S. 111-120.

Dittmann, Arvid: Die Bands und ihre Veröffentlichungen. In: *Archiv der Jugendkulturen* (Hrsg.): Reaktionäre Rebellen – Rechtsextreme Musik in Deutschland. Berlin 2001, S. 183-249.

Dornbusch, Chriatian; Raabe, Jan: 20 Jahre RechtsRock – Vom Skinhead-Rock zur Alltagskultur. In: Dies. (Hrsg.): RechtsRock Bestandsaufnahme und Gegenstrategien. Münster 2002, S. 19-50.

Farin, Klaus: In Walhalla sehen wir uns wieder... – Rechtsrock. In: Ders. (Hrsg.): Die Skins – Mythos und Realität, aktualisierte Neuauflage. Bad Tölz 2001, S. 209-232.

Ders.: Reaktionäre Rebellen – Die Geschichte einer Provokation. In: *Baacke, Dieter; Farin, Klaus; Lauffer, Jürgen* (Hrsg.): Rock von Rechts II – Milieus, Hintergründe und Materialien. Bielefeld 1999, S. 12-83.

Ders.: Rechtsrock in Deutschland. In: *Baacke, Dieter* [u.a.] (Hrsg.): Rock von Rechts, S. 141-146.

Ders. (Hrsg.): Skinhead, S. 63ff.

Farin, Klaus; Flad, Henning: Reaktionäre Rebellen – Rechtsextreme Musik in Deutschland. In: *Archiv der Jugendkulturen* (Hrsg.): Reaktionäre Rebellen, S. 9-92.

Flad, Henning: Trotz Verbot nicht tot – Ideologieproduktion in den Songs der extremen Rechten. In: *Dornbusch, Christian; Raabe, Jan* (Hrsg.): RechtsRock, S. 91-123.

Gottschalk, Christian: Der Expertenstreit. In: *Annas, Max; Christoph, Ralph* (Hrsg.): Neue Soundtracks, S. 99-109.

Andere Selbstdarstellungen finden sich zum Beispiel in direkten Aussagen oder *Interviews* mit Szenemitgliedern – doch gestaltet sich dies real sehr kompliziert. Eines der ersten deutschen Werke in dieser Richtung ist „Skinheads in Deutschland – Interviews" von Markus Eberwein und Josef Drexler von 1987; hier in der fünften Auflage von 2003.[18] Das einzige, was sich über die verschiedenen Auflagen verändert hat, sind der Anhang, mit einer überarbeiteten Literatur- und Zeitschriftenliste, einer Rechtschreibkorrektur und die neuen Vorworte – zur ersten Auflage von 1987, zur zweiten Auflage von 1995 und zur fünften Auflage von 2003. Die Befragungen sind jedoch sehr unwissenschaftlich und suggestiv, so werden viele Antworten der Befragten durch die Fragenden vorweggenommen und somit erheblich gelenkt, eine Selbstdarstellung bleibt daher fraglich. Darüber hinaus geben die Inhalte der Fragen oft keine Auskunft über die Szenezugehörigkeit oder das Szeneverständnis.

Andere Selbstdarstellungen zeigen sich in dem Werk „Skinhead – A Way Of Life" herausgegeben von Klaus Farin.[19] Hier kommen ausschließlich Mitglieder

---

Grüninger, Christian; Lindemann, Frank; Thier, Michaela: Rechte Bands auf dem deutschen Markt – Überblick und Bewertung. In: *Baacke, Dieter* [u.a.] (Hrsg.): Rock von Rechts, S. 32-123.

Hirseland, Andreas; Fuchs, Stephan: Botschaften rechtsextremer Bands. In: *Baacke, Dieter* [u.a.] (Hrsg.): Rock von Rechts, S. 153-161.

Lauenburg, Frank: Skinheads und die Gesellschaftliche Rechte. Marburg 2006.

Lindemann, Frank: Vom Rock'n Roll zur Skin-Musik. In: *Baacke, Dieter* [u.a.] (Hrsg.): Rock von Rechts, S. 126-140.

Searchlinght, Antifaschistisches Infoblatt, Enough is enough, rat (Hrsg.): White Noise – Rechts-Rock, Skinhead-Musik, Blood & Honour – Einblicke in die internationale Neonazi-Musik-Szene, 4. Auflage. Hamburg, Münster 2004.

Seeßlen, Georg: Gesänge zwischen Glatze und Scheitel – Anmerkungen zu den musikalischen Idiomen der RechtsRock-Musik. In: *Dornbusch, Christian; Raabe, Jan* (Hrsg.): RechtsRock, S. 125-144.

[18] *Eberwein, Markus; Drexler, Josef*: Skinheads in Deutschland – Interviews, 5. unveränderte Auflage. Augsburg 2003.

Die Tatsache der Nichtüberarbeitung des Werkes, ist ein entscheidender Vorwurf, welcher den Autoren gemacht werden kann. Es stellt sich die Frage, warum es regelmäßige Neuauflagen geben muss, ohne den zeitlichen Veränderungen der Jugend- Szene Rechnung zu tragen? Fragwürdig erscheint in diesem Zusammenhang auch eine Passage der Autoren im Vorwort zur fünften Auflage: *„Vor ein paar Jahren noch war auch ich ein ganz lieber Skinies-Verstehen-Woller. Aber bei euch gibt es nichts zu verstehen, außer: Wer Gewalt sät, der wird Gewalt ernten. Je eher jeder einzelne von Euch Skinies einen handfesten Denkzettel bekommt, umso besser für ihn. Er ist dann hoffentlich bestens kuriert von seinen Größenwahnvorstellungen vom allmächtigen (arischen?) Gewalttäter."* (S. 8) Bezug nehmend zu solch einer Aussage erscheint es doch unerlässlich, sich mit (vermeintlich) neueren Tendenzen auseinander zu setzen, was jedoch ausbleibt.

[19] *Farin, Klaus* (Hrsg.): Skinhead.

der Szene mit eigenen Beiträgen zu Wort. Dafür bleibt das inhaltliche Konzept fragwürdig – so kann Farin hier nicht erklären, wie diese Zusammenstellung genau erfolgte, wer die beteiligten Szenemitglieder genau sind oder was das Ziel dieser Zusammenstellung ist.

Für die Beurteilung der *Skinheads in der DDR* ragen zwei Publikationen heraus, die relativ früh erschienen sind – berücksichtigt werden muss jedoch, dass sich die Autoren hierbei fast ausschließlich auf das rechte Spektrum der Skinheads in der DDR konzentrierten; fragwürdig bleibt hiermit, ob es in der DDR damit eben nur rechte Skinheads gab oder ob nur diese wahrgenommen wurden.[20]

Als neueste Publikation mit jugendlichen Selbstdarstellungen ist die schon erwähnte „Jugendszenen und Authentizität"[21] zu nennen. Grundrichtung ist es hier, dass Jugendliche verschiedener Jugend-Szenen sich und damit auch ihre Jugend-Szene selbst darstellen. In diesem Werk kommen Skinheads aus der SHARP- und Oi!-Richtung zu Wort, genauso wie Red- und RASH-Skins.

Darüber hinaus existiert seit den 1990er Jahren eine größere Masse an *externen Publikationen*; jedoch sollte auch hier weiter unterschieden werden. Es gibt viele Darstellungen, die zwar nicht von Skinheads, aber dafür von Mitgliedern anderer Jugend-Szenen verfasst wurden, so verweist zum Beispiel das *Archiv der Jugendkulturen* in Berlin darauf, dass ihre Mitarbeiter „*aus den Bereichen Journalismus und Wissenschaft stammen und zumeist selbst einen jugendkulturellen Background haben.*"[22] Dieser Aspekt kann sich (unbewusst) subjektiv auf die

---

[20] Vgl.: *Schumann, Frank*: Glatzen am Alex – Rechtsextremismus in der DDR. Berlin 1990.

Stock, Manfred; Mühlberg, Philipp: Die Szene von Innen – Skinheads, Grufties, Heavy Metal, Punks. Berlin 1990.

So unterschied Frank Schumann drei Gruppen der rechtsextremen [sic!] Jugend-Szene in der DDR am Ende der 1980er Jahre (S. 19), welche sich eben konkret an der Frage der politischen Orientierung ausrichtet und folglich andere Formen nicht berücksichtigt, nach dem Muster:

„*1. soziale Assoziationen mit stark nationalistischer Ausrichtung, zu denen die Hooligans und Schmuddelskins rechnen,*

2. Skinheads mit festen Gruppennormen und Strukturen, zu denen sich Oi-Skins und Edelskins zählen, sie grenzen sich sehr deutlich und sehr bewußt von den Schmuddelskins ab, u.a. auch durch eine rechte Ideologie als Anleitung zum Handeln,

3. Faschos mit eindeutiger Orientierung an faschistischer Ideologie und Leitbildern mit hierarchischen Gruppenstrukturen."

[21] *Lauenburg, Frank*: Jugendszenen und Authentizität.

[22] *Archiv der Jugendkulturen e.V.*: Flyer. Stand: 15. September 2005.

Somit versucht das Archiv der Jugendkulturen in Berlin nach eigenen Aussagen direkt an den CCCS-Ansatz anzuknüpfen, in dem deren Mitarbeiter die betreffenden Jugendlichen selbst zu Wort kommen lassen und in vielen Fällen mit Original-Interviews agieren.

Vgl.: *Farin, Klaus*: Das Archiv der Jugendkulturen e.V. In: Journal der Jugendkulturen, Jg. 1 (1999), Heft 1, S. 4.

Darstellungen auswirken, dahingehend, dass sie die besprochene Szene als feindlich verstehen, jedoch können sich daraus auch erhebliche Vorteile ergeben, denn besitzen solche Leute oft ein besseres Verständnis für die Zusammenhänge und Entwicklungsgegenstände einer Jugend-Szene – so war auch dies prägend für die erste und zweite Generation des CCCS.

Das Gros solch neuerer Darstellungen ist eben aus externer Sicht verfasst worden – besser gesagt von Nicht-Skinheads. Die schon erwähnte Problematik dieser Ebene zeigt sich vor allem in der Gestaltung von *Fragebögen* – hierzu jedoch mehr im Abschnitt zu den *Skinheadstudien* weiter unten.

Die zweite, die vertikale Ebene, ist die der *thematischen Unterscheidung*. Wenn es zum Beispiel um die *Geschichte* der Skinhead-Szene, also dem historischen Entwicklungsstrang geht, so ist das Werk von George Marshall „Spirit of ´69 – A Skinhead bible", mit der englischen Erstausgabe von 1991 unumgänglich – dieser Bearbeitung liegt die englische Ausgabe von 1994 zugrunde.[23] Marshall ist der Kenner der Szene, er selbst war zur damaligen Zeit ein Teil der Skinheadszene in Glasgow, und seinen Titel *Skinheadbibel* trägt dieses Werk nicht zu Unrecht. Alle anderen, die sich ebenfalls mit der historischen Entwicklung beschäftigten, schrieben nur noch von ihm ab – mit unterschiedlichem Geschick.[24] Weniger bekannt ist sein Vorgängerwerk „The Two Tone Story" von 1990[25], über den Musikstil des *Two Tone*, der mit dem *Revival* der Skinhead-Szene Mitte der 1970er Jahre geboren wurde und „Skinhead Nation", welches als Nachfolge vom „Spirit of ´69" angesehen werden kann – als englische Erstausgabe von 1997, in deutscher Sprache erstmals 1998 erschienen.[26] Besonderen Wert legt Marshall hierbei auf die *Individualität* der Skinheads, denn *„zwei Skinheads sind niemals gleich."*[27] Somit berichtet er hier von unterschiedlichen Szenen in verschiedenen Ländern und Städten, sowie verschiedenen Szenemitgliedern. Abschließend äußert er die Hoffnung, dass die Skinheads sich irgend-

---

[23] *Marshall, George*: Spirit of ´69 – A Skinhead Bible, 2. Auflage. Dunoon (Schottland) 1994.

[24] Markant ist hierbei eine Aussage, die sich in der deutschen Ausgabe von Richard Allens Roman „Skinhead" findet, welche ebenfalls, wie die Veröffentlichungen Marshalls, im St.Publishing-Verlag veröffentlicht wurde, in der es heißt:

„Alle Rechte vorbehalten. Dieses Werk, einschließlich aller Teile, ist urheberrechtlich geschützt. Jede Verwertung außerhalb der engen Grenzen des Urheberrechtsgesetzes ist ohne schriftliche Genehmigung des Verlages unzulässig und strafbar. Das gilt insbesondere für Vervielfältigungen, Übersetzungen, Mikroverfilmungen und die Einspeicherung in elektronischen Systemen. Und das gilt auch für dich, Klaus Farin."

Farin übernahm große Teile innerhalb seiner Darstellungen (teilweise wortgetreu) über die Skinhead-Szene von anderen Autoren aus dem Kreise des CCCS, aber eben auch von Autoren wie George Marshall, zum Teil ohne adäquate Quellennachweise!

[25] *Marshall, George*: The Two Tone Story. Dunoon (Schottland) 1990.

[26] Ders.: Skinhead Nation – Limitierte deutschsprachige Ausgabe. Dunoon (Schottland) 1998.

[27] Ebenda, S. 4

wann, trotz ihrer unterschiedlichen Ansichten, zu einer *Skinhead Nation* zusammenfinden werden und damit die Unterschiedlichkeit der Spektren in den Hintergrund rücken würde.

Geht es hingegen um das Thema *Gewalt*, so ist die 2001 erschienene Darstellung von Susanne El-Nawab „Skinheads – Ästhetik und Gewalt"[28] zu nennen. Neben dem Titel, der die Themen Ästhetik und Gewalt erahnen lässt, behandelt sie hierbei vor allem die *Ästhetik von Gewalt*, die sie besonders in dieser Jugend-Szene verankert sieht. Die Selbstdarstellung einiger Mitglieder geht in diesem Werk erheblich tiefer, als bei Eberwein und Drexler und zeigt somit ein weiteres Mal die angesprochene Verbindung der horizontalen und der vertikalen Ebene. Weniger prägnant ist die oberflächlich gehaltene Darstellung El-Nawabs zu Frauen in der Skinheadszene.[29]

Mit thematischen Gesamtdarstellungen hat sich Klaus Farin einen Namen gemacht. Teilweise in Eigenarbeit, teilweise in Kooperation, oft mit Eberhard Seidel-Pielen, beschäftigte er sich, seit 1998 als Leiter des *Archivs der Jugendkulturen* in Berlin, mit verschiedenen Themen unterschiedlicher Jugend-Szenen. Ab den 1990er Jahren hat Klaus Farin eine Vielzahl an Publikationen herausgebracht – viele davon widmen sich den Skinheads. Festgehalten werden sollte hierbei, dass der Inhalt sich stark wiederholt, so dass teilweise die Texte wortgetreu übernommen und in eine andere Publikation hineingesetzt wurden; inhaltlich ergibt sich selten neues.[30]

---

[28] *El-Nawab, Susanne*: Skinheads – Ästhetik und Gewalt. Frankfurt/ Main 2001.
Diese Publikation ist ein Teil ihrer 2001 erarbeiteten und anschließend in dieser Form veröffentlichten Magisterarbeit. Diese erweiterte sie 2005 zu ihrer Dissertation, welche in überarbeiteter Form nun 2007 beim Archiv der Jugendkulturen erschien:
Vgl.: Dies.: Skinheads, Gothics, Rockabillies – Gewalt, Tod & Rock'n'Roll. Berlin 2007.

[29] Dies.: „Du musst dich halt echt behaupten." – Mädchen und junge Frauen in der Skinhead- und Rockabilly-Szene. In: *Rohmann, Gabriele* (Hrsg.): Krasse Töchter – Mädchen in Jugendkulturen. Berlin 2007, S. 106-122.

[30] Die Flut an Einzelveröffentlichungen und Aufsätzen von Klaus Farin zum Thema Skinheads allumfassend darzustellen ist schwer und aufgrund der (regelmäßigen) Wiederholungen und Kopien der Texte in neuen Veröffentlichungen erscheint es auch als nicht notwendig. So hat Farin zum Thema Skinheads u.a. veröffentlicht:
Farin, Klaus: „Das Gefühl genießen, gehaßt zu werden" – Skinheads. In: *Farin, Klaus; Neubauer, Hendrik* (Hrsg.): Artificial Tribes, S. 62-95.
Ders.: Generation-kick.de – Jugendsubkulturen heute. München 2001. [Hier: S. 102-125.]
Ders.: Jugendkulturen in Deutschland 1950-1989. Bonn 2006. [Hier: S. 121-133.]
Ders.: Jugendkulturen und Jugendszenen. [Hier: S. 71-96.]
Ders.: Skinhead.
Farin, Klaus; Flad, Henning: Reaktionäre Rebellen. In: *Archiv der Jugendkulturen* (Hrsg.): Reaktionäre Rebellen, S. 9-92.

Eine dieser Gesamtdarstellungen ist „Skinheads".[31] Hier wird die Geschichte der Bewegung, siehe Marshall, dargestellt, aber auch die deutsche Szene, sowie das Phänomen *SHARP* beleuchtet. Weiterhin gibt es hier einen Abschnitt zu den *Böhsen Onkelz*, sowie Selbstdarstellungen von Szenemitgliedern. Nicht zu übersehen das Thema *Fußball*, in „Die Dritte Halbzeit", zusammen mit Harald Hauswald.[32]

Ein knapper Überblick über die österreichische Skinhead-Szene findet sich bei Markus Messics[33] – der Gesamtüberblick über diese Jugend-Szene ist bei ihm hingegen nur oberflächlich gehalten.

Die ersten Veröffentlichungen sind jedoch schon älter und stammen zum Großteil von Vertretern des *Centre for Contemporary Cultural Studies* und Autoren, die daran anknüpften – zu nennen sind hier „Jugendliche Subkulturen der Arbeiterklasse" von John Clarke und Tony Jefferson[34], die die sozialen und gesell-

---

Farin, Klaus; Seidel-Pielen, Eberhard: Krieg in den Städten – Jugendgangs in Deutschland, 6. Auflage. Berlin 1994. [Hier: S. 46-107.]

Dies.: Rechtsruck – Rassismus in Deutschland, 4. Auflage. Berlin 1993. [Hier: S. 21-24.]

Dies.: Skinheads – Lieber mal eine Prügelei als ständige Schleimerei. In: *Stäblein, Ruthard* (Hrsg.): Höflichkeit – Tugend oder schöner Schein? Frankfurt/ Main 1997, S. 99-116.

Beschränken lassen sich die Inhalte auf und damit sind sie zusammenfassend zu finden in:

Farin, Klaus: Urban Rebels – Die Geschichte der Skinheadbewegung. In: Ders. (Hrsg.): Die Skins, S. 9-65.

Farin, Klaus; Seidel-Pielen, Eberhard: Skinheads, 5., neubearbeitete und erweiterte Auflage. München 2002.

Abgesehen von den (regelmäßigen) inhaltlichen Doppelungen zeigen sich oft auch methodische Probleme. Beispielsweise verwendet Farin in „Jugendkulturen und Jugendszenen" von 2001 als Untertitel den Begriff der Stammeskulturen, welcher sich folglich auch inhaltlich durch die Darstellung hindurchzieht, er grenzt diesen Begriff jedoch weder von anderen Begriffen ab, noch erklärt er ihn – somit bleibt hier die Frage offen, warum dieser eingeführt wird. Ein anderes Beispiel wäre „Skinhead – A Way Of Life" hier in der Neuauflage von 2005. An dieser Stelle bleibt das methodische Vorgehen völlig ungeklärt – es wird ausschließlich erwähnt, dass Fragebögen an Skinheads verteilt wurden. Farin geht nicht darauf ein, wie diese Fragebögen aussahen, an wen diese konkret vergeben wurden, wie sie ausgewertet wurden etc. Dies wird zwar in dem Werk „Skinheads" zusammen mit Seidel-Pielen angesprochen, aber eben nicht in dem, in welchem explizit damit gearbeitet wird und so erschließt sich die Zusammenstellung von „Skinhead – A Way Of Life" nur bedingt.

[31] *Farin, Klaus; Seidel-Pielen, Eberhard*: Skinheads.

[32] *Farin, Klaus; Hauswald, Harald*: Die Dritte Halbzeit – Fußballfans und Hooligans. Berlin 2002.

[33] *Messics, Markus*: Skinheads.

[34] *Clarke, John; Jefferson, Tony*: Jugendliche Subkulturen der Arbeiterklasse. In: Ästhetik und Kommunikation, Jg. 7 (1976), Heft 24, S. 48-60.

schaftlichen Rahmenbedingungen im Großbritannien der 1950er und 1960er Jahre erklären und anschließend auf die *Reaktionen der Arbeiterklasse* auf die betreffenden Veränderungen – hier vor allem der Mods und Skinheads – eingehen. Clarke erweiterte dieses Verständnis in seinem Aufsatz „Die Skinheads und die magische Rückgewinnung der Gemeinschaft"[35] und untersuchte hierbei explizit die *Reaktionen der Skinheads* auf die *sozialen Veränderungen der Nachkriegszeit.* Hingegen bearbeitete Dick Hebdige „Die Bedeutung des Mod-Phänomens".[36] Auf der Basis dieser Untersuchungen beschrieb auch Mike Brake verschiedene englische *Jugend-Szenen der Arbeiterklasse,* wie unter anderem die der Mods und Skinheads.[37] An dieses theoretische Konstrukt der Grundlage von sozialen und gesellschaftlichen Rahmenbedingungen für die Entwicklung einer Jugend-Szene knüpft auch mein Authentizitäts-Modell von 2008 an.[38]

Ohne Zweifel existieren auch eine Unzahl an *Film-Dokumentationen.* Von den neueren ist das Werk „Skinhead Attitude"[39] vom Regisseur Daniel Schweizer sehr umfassend gestaltet. Aufgearbeitet wird die Szene der Skinheads hierbei dadurch, dass das 22-jährige französische Skingirl Karole in verschiedene Länder und somit Szenen, dabei trifft sie auf traditionelle, *SHARP-* und *Oi!-Skinheads,* aber auch *Boneheads*[40], reist – nach England, Wales, Schweden, Polen, Deutschland und Kanada, zuletzt in die USA, wo ein besonderes Augenmerk dem Mord an zwei nichtrassistischen Skinheads gewidmet wird.

Weniger aufschlussreich ist die Dokumentation „Skinheads" von Klaus Farin und Rainer Fromm[41], die stark musiklastig ist, jedoch inhaltlich nichts neues darstellt, sowie – im Unterschied zu „Skinhead Attitude" – kein konkretes inhaltlich nachvollziehbares Konzept bieten kann.

Eine weitere thematische Darstellung, und diese nimmt ohne Zweifel eine Sonderstellung ein, bietet sich über *Romane.* Der Klassiker schlechthin ist hier Ri-

---

[35] *Clarke, John:* Die Skinheads und die magische Rückgewinnung der Gemeinschaft. In: *Berger, Hartwig* [u.a.] (Hrsg.): Jugendkultur als Widerstand – Milieus, Rituale, Provokationen, 2. Auflage. Frankfurt/ Main 1981, S. 171-175.

[36] *Hebdige, Dick:* Die Bedeutung des Mod-Phänomens. In: *Berger, Hartwig* [u.a.] (Hrsg.): Jugendkultur als Widerstand, S. 158-170.

[37] *Brake, Mike:* Soziologie der jugendlichen Subkulturen – Eine Einführung. Frankfurt/ Main 1981, S. 82ff.

[38] Vgl.: *Lauenburg, Frank:* Jugendszenen und Authentizität.

[39] *Schweizer, Daniel:* Skinhead Attitude. Sunny Bastards Films 2003.

[40] Der Begriff Bonehead bedeutet übersetzt soviel wie Dummkopf, Holzkopf. Er wird meistens von nichtrechten Skinheads für rechte Skinheads verwendet, die sich somit von ihnen abgrenzen wollen. Das heißt nichtrechte Skinheads wollen über diesen Begriff symbolisieren, dass Boneheads keine Skinheads sind, sondern eine separate Jugend-Szene, die nur ähnlich aussieht, wie die der Skinheads.

[41] *Farin, Klaus; Fromm, Rainer:* Skinheads. Sunny Bastards Films 2004.

chard Allens „Skinhead"[42] im englischen Original von 1970, 1994 erstmals ins Deutsche übersetzt. Der Held des Romans, *Joe Hawkins*, eigentlich der typische Antiheld, ist eine brutale, skrupellose, sexistische Bestie in Skinheadmontur. Sein Leben besteht aus einer Aneinanderreihung von Schlägereien, dazwischen werden Frauen, nicht immer freiwillig, zu Sexobjekten von Joe und seinen Freunden. Dieser 1970 [sic!] erstellte Klassiker von Allen ist der erste Roman, in dem Skinheads überhaupt agieren. Viele der älteren Skinheads halten dieses Werk für authentisch, jedoch bleibt es fraglich, ob die jüngere Generation diesen Roman noch kennt. Einige szenebekannte deutsche Mailorder, wie der Münsteraner *Moskito Mailorder*[43], mit dem angeschlossenen *Label Grover*[44], und das Magdeburger *Bandworm-Records*[45], verkauften diesen Roman lange Zeit; heute jedoch befindet dieser sich nicht mehr in deren Sortiment.[46] Seit 2005 existiert auch der *erste deutsche Skinheadroman* von André Pilz, in Zusammenarbeit mit dem Archiv der Jugendkulturen, mit dem Titel „No Ilores, mi querida – Weine nicht mein Schatz".[47] Auch hier ist wiederum die innere Sicht berührt, denn der Autor bezeichnet sich selbst als Skinhead.

Eine völlig andere Ebene der Darstellung findet sich in dem Roman „Tod eines Skinheads" von Roger Martin[48]. In diesem Werk geht es um eine Bande von Skinheads, inhaltlich sind es eher Neonazis, die im Elsass kleinere Delikte, wie Sprühaktionen oder Pöbeleien, begeht. Als ein Mitglied aussteigt, wird er von seinen alten Kameraden getötet und die Polizei stellt dies als einen Unfall dar. Die Mutter des Getöteten, eine alte Freundin und dessen alter Lehrer gehen der Sache nach und am Schluss werden die Täter überführt. Inhaltlich ist dieses Werk einfältig geschrieben und gibt keine Auskünfte über die beschriebene Szene oder Gründe der Teilnahme an den dargestellten Taten.

In die selbe Richtung verfährt das Buch „Schwarzer, Wolf, Skin" von Marie Hagemann.[49] Im Duktus der 1990er Jahre handelt es sich bei der Hauptfigur um einen Jugendlichen, dessen Clique aus Langeweile an verschiedenen Orten he-

---

[42] *Allen, Richard*: Skinhead – Limitierte deutschsprachige Ausgabe. Dunoon (Schottland) 1994.

[43] http://www.moskito-mailorder.com. [Stand: 11. Juli 2008.]

[44] http://www.grover.de. [Stand: 11. Juli 2008.]

[45] http://www.oi-punk.com/shop/catalog. [Stand: 11. Juli 2008.]

[46] Meine Zugriffe am 25. September 2007 auf die genannten Mailorder bei der Anfertigung der Staatsexamensarbeit ergaben, dass damals dieser Roman noch angeboten wurde, heute jedoch, im Juli 2008, ist dies nicht mehr der Fall.

[47] *Pilz, André*: No Ilores, mi querida – Weine nicht mein Schatz – Ein Skinhead-Roman. Berlin 2005.

[48] *Martin, Roger*: Tod eines Skinheads – Fememord in der französischen Provinz. Frankfurt/ Main 1990.

[49] *Hagemann, Marie*: Schwarzer, Wolf, Skin. Regensburg 1993.

rumhängt, zunehmend von außen politisiert wird und folglich ins politisch rechte Lager abdriftet. Auch wenn die Autorin nach eigenen Aussagen größere Recherchen innerhalb der Szene durchgeführt hat, erscheint hier die These des Modernisierungsverlierers als Grundlage gedient zu haben – so berichtet die Autorin, wie viele andere, wenn sie Romane über Skinheads verfassen, aus einer äußeren mit Vorurteilen beladenen Sicht, ohne eine Tiefe des Verständnisses durchblicken zu lassen.

II. Begriffsdiskurs

1. Von Subkultur über Jugendkultur zu Jugendszenen und zurück –
   Zum Begriffsdiskurs innerhalb der Jugendkulturforschung

Der heute oft wieder gebrauchte Begriff der *Jugendkultur* ist durchaus älterer Natur. Dessen erste (moderne) Verwendung stammt von *Talcott Parsons*, der den Ausdruck *youth culture* erstmals 1942 einführte. Diese youth culture verstand er in Abgrenzung zu einer *adult culture*, welche in einem gewissen Gegensatz zueinander stehen und hierbei eigene Lebensformen herausbilden würden.[50] Ohne dies anzusprechen legte Parsons damit den Grundstein für die Analyse unterschiedlicher Generationen und den daraus resultierenden Generationenkonflikten, welche mit *Karl Mannheim*[51] und *Samuel Noah Eisenstadt*[52] in den 1950er Jahren verstärkt untersucht wurden.

Trotz alledem ist der Ausdruck Jugendkultur durchaus älter und reicht (im deutschen Sprachraum) bis in die 1920er Jahre zurück. Dieses Verständnis der Jugendkultur ist jedoch ein anderes, als es hier zugrunde gelegt wird und soll daher nur beiläufig erwähnt werden: Die Jugendkultur der 1920er Jahre bildete ein *Erziehungskonzept* gegen das wilhelminische Deutschland und knüpfte verstärkt an das *Jugendideal der Wandervogelbewegung* an.[53]

Im deutschen Diskurs wurde die Jugendkultur oft mit der *Teenager-Kultur* im Nachkriegsdeutschland gleichgesetzt, somit bildeten die verbesserten Konsummöglichkeiten die Grundlagen für das Entstehen einer eigenständigen Jugendkultur und den wiederum daraus resultierenden jugendspezifischen Konsum. Das heißt erst auf der Grundlage der verbesserten Konsummöglichkeiten konnten sich sukzessive eigene jugendkulturelle Formen, wie eine eigene jugendorientierte Musikbranche, jugendspezifische Kleidungsstile und ähnliches entwickeln. Somit ist in dieser Argumentation ebenfalls die Jugendkultur als eine eigene jugendspezifische Vergesellschaftungsform zu verstehen, die sich von den Formen der Erwachsenengesellschaft abhebt.[54]

Entscheidend bleibt hierbei, dass es bis heute keinen einheitlich verwendeten Begriff der Jugendkultur gibt. Zentrale Grundlage bildet hier die Tatsache, dass

---

[50] Vgl.: *Lindner, Rolf*: Jugendkultur und Subkultur als soziologische Konzepte – Nachwort. In: *Brake, Mike*: Soziologie der jugendlichen Subkulturen, S. 172.

[51] Vgl.: *Mannheim, Karl*: Das Problem der Generationen. In: *Friedeburg, Ludwig von* (Hrsg.): Jugend in der modernen Gesellschaft, 3. Auflage. Köln, Berlin 1966, S. 23-48.

[52] Vgl.: *Eisenstadt, Samuel Noah*: Altersgruppen und Sozialstruktur. In: *Friedeburg, Ludwig von* (Hrsg.): Jugend, S. 49-81.

[53] Vgl.: *Hartwig, Helmut*: Jugendkultur – Ästhetische Praxis in der Pubertät. Hamburg 1980, S. 65ff.

[54] Vgl.: *Baacke, Dieter*: Jugend und Jugendkulturen.

sich die unterschiedlichsten wissenschaftlichen (Teil-) Disziplinen – begonnen bei der Erziehungswissenschaft und Psychologie, über die Kriminologie, bis hin zur Politikwissenschaft und Soziologie, ja selbst die Literaturwissenschaft – mit dem Themenschwerpunkt Jugend beschäftigen. Jede dieser (Teil-) Disziplinen hat ihren eigenen Zugang zur Jugend über ihre eigenen wissenschaftlichen Fragestellungen und somit auch ihre eigenen Erklärungen über die verschiedenen Erscheinungsformen und Verhaltensweisen dieser Gruppe – ganz davon abgesehen, dass es *die* Jugend nicht gibt! Somit ist es auch schwer, nur einen Begriff für diese Jugendformen zu finden. Im weitesten Sinne können aber zwei unterschiedliche wissenschaftliche Richtungen unterschieden werden: Erstens, die Jugend als eine *Lebensphase* mit alters- und sozialisationsspezifischen Erscheinungsformen und zweitens Jugend als eine *Lebenseinstellung*, welche angestrebt oder abgelehnt wird.

Im Folgenden sollen die wichtigsten Ansätze zum Begriff der Jugendkultur kurz, aber prägnant erklärt werden, um damit Hinweise für die unterschiedlichen Begriffsdiskurse geben zu können. Diese sind namentlich: Robert R. Bell „Die Teilkultur der Jugendlichen"[55], sowie die Entgegnung von Frederick Elkin und William A. Westley „Der Mythos der Teilkultur der Jugendlichen"[56], beide aus den 1960er Jahren. Daran schließt sich der klassenspezifische Ansatz des Centre for Contemporary Cultural Studies (CCCS), der sogenannten Birminghamer Schule, vom Ende der 1960er Jahre, an.[57] An diesem wiederum orientierte sich Mike Brake mit seinem eher kriminologischen Ansatz und seiner „Soziologie der jugendlichen Subkulturen" vom Ende der 1970er/ Anfang der 1980er Jahre.[58] Die entsprechende Weiterentwicklung vollzog Rolf Schwendter in seiner „Theorie der Subkultur".[59] Besonders für den deutschen Diskurs sind Dieter Baacke – mit seinem eher ökonomischen Ansatz, welcher weiter oben schon Erwähnung fand[60] – und Ronald Hitzler – mit seinem Szene-Konzept – zu nennen.[61] Beide sind zwar (zurecht) nicht unumstritten, haben den Begriffsdiskurs jedoch erneut entfacht und somit gestaltet.

---

[55] Vgl.: *Bell, Robert R.*: Die Teilkultur der Jugendlichen. In: *Friedeburg, Ludwig von* (Hrsg.): Jugend, S. 83-86.

[56] Vgl.: *Elkin, Frederick; Westley, William*: Der Mythos von der Teilkultur der Jugendlichen. In: *Friedeburg, Ludwig von* (Hrsg.): Jugend, S. 99-106.

[57] Vgl.: *Clarke, John* [u.a.]: Subkulturen, Kulturen und Klasse. In: *Berger, Hartwig* [u.a.]: Jugendkultur als Widerstand, S. 39-131.

[58] Vgl.: *Brake, Mike*: Soziologie der jugendlichen Subkulturen.

[59] Vgl.: *Schwendter, Rolf*: Theorie der Subkultur, 4. Auflage. Hamburg 1993. [Original von 1973.]

[60] Vgl.: *Baacke, Dieter*: Jugend und Jugendkulturen.
Ders.: Jugend und Subkultur. München 1972.

[61] Vgl.: *Hitzler, Ronald; Bucher, Thomas; Niederbacher, Arne*: Leben in Szenen.

1.1. Robert R. Bell: „Die Teilkultur der Jugendlichen"

Unter *Teilkultur* versteht *Robert R. Bell* „*relativ kohärente kulturelle Systeme, die innerhalb des Gesamtsystems unserer nationalen Kultur eine Welt für sich darstellen.*"[62] Diese Teilkulturen, im weitesten Sinne hier als *Subkulturen* zu verstehen, entwickeln strukturelle und funktionale Eigenheiten, die ihre Mitglieder von der übrigen Gesellschaft unterscheiden. Als eine solche Teilkultur definiert Bell die Jugend, welche sich somit von den Formen anderer Teilkulturen, hier vor allem der Teilkultur der Erwachsenen, unterscheidet.
Das zentrale Problem der Jugend sieht Bell im Mangel struktureller Übergangsrituale. Somit entsteht für die Jugend eine Verwirrung über ihre eigene Rolle und Position innerhalb der Gesamtgesellschaft – sie ist „*weder Fisch noch Fleisch*"[63], wie Bell es ausdrückt. Trotz alledem unterliegt die Jugend primär der Kontrolle der Erwachsenen; diese legen fest, was ein Jugendlicher zu tun und zu lassen hat, was richtig und was falsch ist, er selbst kann und darf nicht über sich entscheiden. Im Gegenzug verlangt die Erwachsenengesellschaft von der Jugend jedoch Partizipation; die Bereiche dieser Teilnahme sind jedoch (nach Bell) ohne faktische Bedeutung und so handelt es sich hierbei mehrheitlich um Lernprozesse, welche innerhalb weitgehend unwichtiger Arrangements erfolgen sollen.
Aus dieser Konfliktsituation entwickelt die Jugend eigene Vergesellschaftungsformen und löst sich somit aus der Kontrolle und Abhängigkeit zu den Erwachsenen. Damit hat die Teilkultur der Jugendlichen das Ziel sich von den Erwachsenen nicht nur zu unterscheiden, sondern auch abzugrenzen, um eigene Lern- und Lebensformen zu entwickeln. Die Jugend erzeugt für sich autonom einen Platz innerhalb der Gesellschaft, welchen sie für sich beansprucht, aber auch gegen Fremdeinflüsse verteidigt. So entsteht nach Bell die Teilkultur der Jugendlichen als jugendspezifische Vergesellschaftungsform unabhängig von der Erwachsenengesellschaft.

1.2. Frederick Elkin und William A. Westley: „Der Mythos der Teilkultur der Jugendlichen"

Die Untersuchung von *Frederick Elkin* und *William A. Westley* zielt gerade auf die Erklärungen von Bell. Sie unternahmen in den 1960er Jahren eine Studie in einem Vorort von Montreal über die Sozialisierung von Heranwachsenden; dieser Vorort wurde als eine wohlhabende Gemeinde gekennzeichnet. Ihr Ausgangspunkt bildet ein Verständnis der Jugend als eine Phase des *Sturm-und-*

---

[62] *Bell, Robert R.*: Die Teilkultur der Jugendlichen. In: *Friedeburg, Ludwig von* (Hrsg.): Jugend, S. 83.

[63] Ebenda.

Drang im Sinne Bells. Elkin und Westley kommen hierbei jedoch zu der Erkenntnis, dass die These der Teilkultur der Jugendlichen für die gehobene Mittelschicht nicht zutreffend ist. Ihr Fazit ist jedoch weitaus radikaler formuliert, denn sie vertreten die Ansicht, dass es eine Teilkultur der Jugendlichen generell nicht gäbe, obwohl ihre Untersuchung nur auf eine spezifische soziale Gruppe ausgerichtet war – ihre Ergebnisse müssen somit relativiert werden: Wir können hiernach festhalten, dass sich erstens die These der Teilkultur der Jugendlichen für die gehobene Mittelschicht nicht nachweisen lässt, denn in diesem Falle weist der Sozialisationsprozess weit *„mehr Kontinuitäten als Diskontinuitäten auf"*[64] und so zeichnen sich innerhalb der gehobenen Mittelschicht zwischen den Eltern und deren Kindern/ Jugendlichen erheblich weniger Konflikte ab, als von Bell angenommen. Wir können somit zweitens feststellen, dass es nicht *die eine Jugend* gibt, die nach einem einheitlichen Schema sozialisiert und mit den gleichen Problemen konfrontiert wird. Das heißt aber nicht, dass die These von Bell völlig falsch war, denn: Drittens ergeben sich die von Bell angesprochenen Anpassungsschwierigkeiten zwischen den Generationen primär durch die spezifische *Sozialstruktur* und die entsprechende *Lebensumwelt* der Jugendlichen und eben nicht aus der Lebensphase selbst. Damit ist die Herleitung zum klassenspezifischen Ansatz des CCCS vollzogen.

1.3.   John Clarke, Stuart Hall, Tony Jefferson, Brian Roberts und das CCCS:
„Subkultur, Kulturen und Klasse"

In den 1960er Jahren bildete sich in *Birmingham* das *Centre for Contemporary Cultural Studies* (CCCS).[65] Die wichtigsten Vertreter der ersten und zweiten Generation waren Studenten des renommierten britischen Literatur- und Kulturwissenschaftlers *Frank Raymond Leavis*, aber – und das ist in diesem Zusammenhang von größter Relevanz – diese entwickelten das Konzept Leavis' nicht weiter, sondern wandten sich dagegen.
Frank Raymond Leavis vertrat die These einer *Hochkultur*. Das heißt, nach seinem Verständnis ist die Gesellschaft in mindestens zwei Gruppen zu unterteilen, erstens die *gehobene Schicht*, welche er als *Elite* deutet, und zweitens diejeni-

---

[64] *Elkin, Frederick; Westley, William*: Der Mythos von der Teilkultur der Jugendlichen. In: *Friedeburg, Ludwig von* (Hrsg.): Jugend, S. 104.

[65] Auch wenn es unsystematisch erscheinen mag, an diesem Punkt das CCCS zu erwähnen und im anschließenden Hauptunterpunkt noch einmal, so bleibt es doch sinnvoll, denn das Verschweigen des klassenorientierten Ansatzes würde die Systematik des Begriffsdiskurses unterlaufen. Da aber die grundlegende Erstliteratur zur Jugend-Szene der Skinheads auf den Theorien dieser Birminghamer Schule basiert, sollte die Erklärung dieses Ansatzes breiter gefächert werden, als die anderen Theorien des Begriffsdiskurses, hieraus erklärt sich der zusätzliche Gliederungspunkt.

gen, die nicht Teil dieser gehobenen Schicht sind; es ist durchaus sinnvoll, die zweite Gruppe nicht direkt zu bezeichnen, da diese bei Leavis keine kulturbildende Rolle spielt. Hiernach gestaltet und entwickelt nur die gehobene Schicht Kultur. Der Ansatz des CCCS widerspricht an dieser Stelle und argumentiert, dass *jeder* ein Teil der Kultur ist und somit auch jeder an dieser Kultur partizipiert und diese prägt.

Sinnvoll ist es, Kenntnis über die Herkunft der CCCSler zu gewinnen: Ein Großteil entstammte nämlich nicht der von Leavis angesprochenen *Hochkultur* – Stuart Hall (zeitweilig Direktor des CCCS) als Beispiel war eingewanderter Jamaikaner, andere entstammten der Arbeiterschicht und konnten nur durch den Ausbau des Bildungssystems in den 1950er Jahren an der höheren Bildung teilhaben, so dass Dick Hebdige vermerken konnte: *„Ich gehörte zu einer Gruppe von Leuten, die Anfang der 70er Jahre (am CCCS) ankamen, Leute wie Tony Jefferson, John Clarke oder Angela McRobbie, und unsere Arbeit über Jugendkultur war zum Großteil autobiographisch."*[66] In ihrem Verständnis wäre es völlig absurd gewesen, sich entweder als Teil der Hochkultur zu verstehen oder aber zu glauben, dass sie selbst Kultur nicht gestalten könnten. Somit muss der Ansatz des Centre for Contemporary Cultural Studies als Gegensatz zum Kulturverständnis von Leavis aufgefasst werden.

Der Begriff der *Jugendkultur* – anfangs hier verwendet – verweist auf den Begriff der Kultur. Als Kultur definiert das CCCS: *„Jene Ebene, auf der gesellschaftliche Gruppen selbständige Lebensformen entwickeln und ihren sozialen und materiellen Lebenserfahrungen Ausdrucksformen verleihen."*[67] Wichtig bleibt in diesem Zusammenhang, dass in dieser Deutung jedes Individuum in ein soziales System hineingeboren wird, welches wiederum unterschiedliche Grundlagen der Kultur und deren Interpretation zur Folge hat; während Mitglieder gleicher Gruppen unter den gleichen Bedingungen leben, diese in gleichem Maße deuten und gemeinsam formen. Im Gegenzug entstehe jedoch ein Kampf zwischen den verschiedenen Kulturen, angenommen werden bei diesem Ansatz zwei unterschiedliche Kulturgruppen, die *dominante* – im weitesten Sinne vergleichbar mit der Hochkultur bei Leavis – und die *untergeordnete Kultur* – diejenige, die nicht zur Hochkultur gehört. Die CCCSler argumentieren weiter, dass die wichtigsten Gruppen innerhalb der modernen Gesellschaften die *Klassen* wären und somit dieser Kampf der Gruppen/ Kulturen ein *Kampf der Klassen/ Klassenkulturen* wäre. Die einzelnen Klassen bilden im Ansatz des CCCS jeweils eine *Stammkultur*.

---

[66] *Hebdige, Dick*: „Heute geht es um eine anti-essentialistische Kulturproduktion vom DJ-Mischpult aus." – Über Cultural Studies, die Autorität des Intellektuellen, Mode und über die Module des Theorie-Samplings. Gespräch von Christian Höller. In: Kunstforum (1996), Heft 135/136, S. 162.

[67] *Clarke, John* [u.a.]: Subkulturen, Kulturen und Klasse. In: *Berger, Hartwig* [u.a.]: Jugendkultur als Widerstand, S. 40.

Subkulturelle Subsysteme sind demgegenüber *„kleinere, stärker lokalisierte und differenzierte Strukturen innerhalb eines der beiden größeren kulturellen Netzwerke.“*[68] Eine Subkultur ist somit immer *Teil einer Gesamtkultur*, hier Klassenkultur. Eine mögliche Subkultur bildet die der Jugendlichen. Auch hier haben die Jugendlichen grundsätzlich ähnliche Erfahrungen. Bei genauerem Hinsehen unterscheiden sich die individuellen Formen jedoch entlang der jeweiligen sozialen Strukturen. Folglich sind die Gemeinsamkeiten einer Subkultur (beispielsweise der Subkultur der Jugendlichen) aus unterschiedlichen Stammkulturen erheblich geringer, als die Gemeinsamkeiten zwischen Mitgliedern verschiedener Subkulturen aus derselben Stammkultur.

Markant bleibt der Begriff der *magischen Lösung*. Da die Mitglieder einer erwachsenen Stammkultur oft nicht in der Lage sind ihre eigenen klassenspezifischen Probleme effizient zu lösen, übernehmen die Mitglieder der jugendlichen Subkultur dieser Stammkultur die Lösung dieser Probleme. Aber: Diese Jugendlichen verfügen oft ebenfalls nicht über die Mittel zur wirklichen Problembehebung und somit bleiben deren Versuche nur *Schein-Lösungen* oder eben magische Lösungen.

1.4. Mike Brake: „Soziologie der jugendlichen Subkulturen"

Mike Brake ist einer der ersten Autoren, der konsequent den Terminus der *Subkultur* dem der Jugendkultur vorzieht. Brake subsumiert in der Gruppe der jugendlichen Subkultur alle Personen unter dreißig Jahren, welche grundsätzlich ähnliche Erfahrungen aufgrund ihres *Lebensabschnittes* haben. Nach ihm impliziere der Ausdruck Jugendkultur, dass es eine einheitliche Form der jugendlichen Vergemeinschaftung gäbe. Demgegenüber ermögliche der Begriff der Subkultur die Berücksichtigung des jeweiligen *sozialen Backgrounds*, so dass hier die *Pluralverwendung*, im Sinne mehrerer Kulturen, von Bedeutung wird. Entscheidend ist hier weniger die begriffliche Abkehr von der Jugendkultur, sondern die Hinwendung zur weitergehenden Differenzierung innerhalb der jugendlichen Sozialisationsformen.

Durchaus veraltet ist der Ansatz von Brake, und hier knüpfte er zentral an den klassenorientierten Ansatz des Centre for Contemporary Cultural Studies an, da er die Subkulturen verstärkt in der unteren sozialen Schicht verortete und die Jugendkulturen eher in der gehobenen sozialen Schicht annahm. Damit konzentriert sich sein Subkultur-Konzept in starkem Maße auf *delinquente* oder *deviante* Formen jugendlicher Vergemeinschaftungen. So beobachtete Brake über seinen kriminologischen Ansatz eben jene, eher unerwünschte jugendliche Verhaltensweisen.

---

[68] *Clarke, John* [u.a.]: Subkulturen, Kulturen und Klasse. In: *Berger, Hartwig* [u.a.]: Jugendkultur als Widerstand, S. 45.

Trotz dieser gewissen Differenz zu vorhergehenden jugendspezifischen Ansätzen, sieht auch Brake den sozialisationsspezifischen Vorteil der Existenz jugendlicher Subkulturen, in der Herausbildung eigener *Identitäten*, denn nur so sei es den Jugendlichen möglich, einen Abnabelungsprozess zu der Erwachsenengeneration zu vollziehen. Aber allein durch die Existenz solcher subkultureller Formen nimmt die Jugend, nicht immer bewusst gesteuert, eine (quasi-) delinquente Haltung zur älteren Generation ein, denn sie definiert ihre eigenen Normen und Werte, welche sich beinahe zwangsläufig von denen der Erwachsenen unterscheiden.

1.5. Rolf Schwendter: „Theorie der Subkultur"

Rolf Schwendter nutzt für seine Erklärung der Subkulturen ein einfaches *Schichtenmodell*. Im Zentrum dieses Modells steht das *Establishment*, welches die eigentliche Organisations-Elite der Gesellschaft darstellt. All jene, die nicht Teil des Establishments sind, bilden die *kompakte Majorität*, welche wiederum die Stütze der Gesellschaft bilden. An den jeweiligen *Rändern* der kompakten Majorität bilden sich unterschiedlichste Formen von Subkulturen heraus. Schwendter unterscheidet in seinem Modell zwischen den eher *progressiven* – diese wollen gegenwärtige Zustände verändern und sind auf zukünftige Prozesse gerichtet – und den eher *regressiven* Subkulturen – diese wollen vergangene Normen und Werte wieder herstellen und richten sich somit an vergangenen Ereignissen aus. In diesem Schichtungsmodell bilden Subkulturen daher Formen an den Rändern der Gesellschaft aus und gehören folglich – im Unterschied zu anderen Subkultur-Modellen – nicht mehr zur faktischen Mehrheit der Gesellschaft.

1.6. Dieter Baacke: Von „Jugend und Subkultur" zu „Jugend und Jugendkulturen"

Der eher ökonomische Ansatz von *Dieter Baacke* wurde zuvor schon kurz erwähnt. Für die begriffliche Orientierung ist jedoch sein Wandel von der Subkultur zu *Jugendkulturen* bedeutend. 1972 veröffentlichte er sein Standardwerk zur Jugend noch unter dem Titel „Jugend und Subkultur", fünfzehn Jahre später erschien dieses Werk nur gering verändert noch einmal. Jetzt jedoch unter dem Titel „Jugend und Jugendkulturen", diesen Wandel begründete er wie folgt:
1.) Der Begriff der Subkultur würde eine soziale Unterschicht suggerieren und damit unterstellen, dass spezifische jugendliche Sozialisationsformen nur bei der unteren sozialen Schicht existieren würden. Damit würde auch unterstellt werden, dass diese jugendlichen Formen in der Regel delinquente Formen sein müssten. Dies träfe aber auf die moderne Jugend

nicht (mehr) zu. Damit wendet sich Baacke gegen die Ansätze von Bell, Brake, Schwendter und des CCCS.

2.) Der Begriff der Subkultur geht von einer Teilkultur, mit eindeutig und fest definierbaren Grenzen aus. Auch dies trifft nicht zu, denn die Übergänge zur Gesamtkultur bleiben fließend.

3.) Bei den jugendkulturellen Vergemeinschaftungsformen handelt es sich nicht, wie behauptet, um Sub-Aggregate einzelner Gesellschaften. Es handelt sich vielmehr um kulturelle Gruppierungen, die sich international ausbreiten, aber unter dem gleichen Erscheinungsbild unterschiedliche Formen ausprägen.

Als Folge dieser Analyse wendet sich Dieter Baacke ab den 1980er Jahren vom Begriff der Subkultur ab und präferiert den Ausdruck der Jugendkultur in seiner Pluralverwendung; somit den Begriff der Jugendkulturen. Auch wenn der ökonomische Ansatz heute nur noch selten vertreten wird, legte Baacke hiermit den terminologischen Grundstein für die folgenden zwanzig Jahre.

1.7. Ronald Hitzler: „Leben in Szenen"

Für den neueren Begriffsdiskurs bleibt an dieser Stelle nur noch der Soziologe Prof. Dr. *Ronald Hitzler* und sein *Dortmunder* Kollegenkreis zu erwähnen. Hitzler brachte um 2000 den Begriff der *(Jugend-) Szene* ins Gespräch. Diese Verwendung ist nicht unumstritten, da sich hieran verschiedene Probleme abzeichnen. Erstens korreliert dieser wissenschaftliche Terminus mit dem alltagssprachlichen Gebrauch des Wortes „Szene" – innerhalb jugendspezifischer Analysen mit nichtwissenschaftlichem Personal ist seine Verwendung daher nicht unproblematisch. Zweitens dehnt Hitzler diesen Begriff stark aus, so dass beinahe jede Form *jugendlicher Vergemeinschaftung* – so auch der Untertitel des Buches – als Jugend-Szene verstanden werden kann. Aber – und das muss den Prätendenten zugute gehalten werden – nach nun fast zwanzig Jahren wird der Versuch unternommen, den Begriffsdiskurs erneut anzuregen.

Als Grundlage des Szenekonzeptes im Sinne Hitzlers dient der Prozess der *Individualisierung/ Entstrukturalisierung*. Hierbei wird vor allem ein Anstieg des durchschnittlichen Einkommens, eine Zunahme der zur Verfügung stehenden freien Zeit, die Bildungsexpansion und der Ausbau des Rechtssystems angenommen. Dieser Prozess setzt das Individuum vermehrt aus festen Bindungen frei. Daher erhält die Person einerseits mehr *Entscheidungschancen* und *Lebensoptionen*, aber sie verliert andererseits auch an gemeinschaftlicher und gesellschaftlicher *Verlässlichkeit*. Somit bietet die Individualisierung Chancen und vermehrte Optionen, aber auch Risiken und Gefahren, denn mit diesem Mehr an Freiheit muss der Mensch auch umgehen können.

Als Szene definieren die Dortmunder Soziologen: „*Thematisch fokussierte kulturelle Netzwerke von Personen, die bestimmte materielle und/ oder mentale*

Formen der kollektiven Selbststilisierung teilen und Gemeinsamkeiten an typischen Orten und zu typischen Zeiten interaktiv stabilisieren und weiterentwickeln."[69] Untergliedert ergeben sich hieraus folgende zwölf konstituierende Merkmale:

1. Szenen sind Gesinnungsgemeinschaften,
2. sie sind thematisch fokussierte kulturelle Netzwerke,
3. sie bilden kommunikative und interaktive Teilzeit-Gesellungsformen und dienen
4. der sozialen Verortung. Dabei entwickeln Szenen
5. eigene Kulturen, obwohl sie faktisch nur
6. labile Gebilde sind. Zur Entwicklung und Gestaltung dieses szenespezifischen Lebens haben diese
7. typische Treffpunkte und stellen
8. Netzwerke von Gruppen dar. Als labile Gebilde besitzen sie keine wirklichen Kontrollmechanismen und sind daher
9. vororganisierte Erfahrungsräume. Zur strukturellen Organisation gruppieren sich Szenen
10. um Organisationseliten bzw. einen Szene-Kern, bleiben aber
11. dynamische Gebilde und liegen
12. quer zu bisherigen Gesellungsformen und großen gesellschaftlichen Institutionen.

1.8   (Erstes) Fazit zum Begriffsdiskurs

Anfangs wurde erwähnt, dass es bis heute keine einheitliche Verwendung des Begriffes Jugendkultur gibt – dieses Problem bleibt scheinbar, trotz oder gerade wegen, des durchaus regen Diskurses um den richtigen Terminus weiter bestehen. Feststellbar ist, dass im Laufe der Jahre unterschiedlichste Vorschläge in den Diskurs eingebracht wurden, wobei diese Verwendungen temporär durchaus Sinn ergaben. Einige dieser Interpretationen haben jedoch für die heutige Zeit ihren Sinn eingebüßt. Obwohl unterschiedliche soziale Schichtungen weiterhin gegeben sind, geht ein beispielsweise klassenspezifischer Ansatz weit über die heutige soziale Strukturierung hinaus. Aber wir können aus den verschiedenen Deutungen wichtige Informationen ziehen.
Ein adäquater Begriff der Jugendkultur muss heute als Inhalt mindestens folgende grundlegende Elemente tragen können:
1.) Es gibt nicht die eine Form der jugendspezifischen Sozialisation, daher muss eine Pluralverwendung möglich sein.

---

[69] *Hitzler, Ronald; Bucher, Thomas; Niederbacher, Arne*: Leben in Szenen, S. 20.

2.) Der Begriff einer Jugendkultur darf nicht quer zu seiner alltagssprachlichen Verwendung liegen.[70] Er darf außerdem nicht

3.) gegen das Beobachtungsobjekt Jugend verwendet werden.[71] Im Gegenzug muss dieser Terminus auch

4.) für die wissenschaftliche Analyse als Werkzeug nutzbar sein. Das heißt, dieser muss a.) verwendbar sein, b.) Grenzen definieren können und c.) sich ebenfalls in die moderne Beobachtung einpassen lassen. Über diesen Begriff muss es somit möglich sein, Veränderungen in der Sozialisation der Jugendlichen beschreiben zu können; dieser Begriff sollte modern gehalten sein, denn das Beobachtungsobjekt ist die Jugend von heute.

Mein Vorschlag ist es daher, den Begriff der *Jugend-Szene* zu verwenden, jedoch die alltagssprachliche Verwendung der der wissenschaftlichen (Hitzler'schen) vorzuziehen, so dass ein alltagssprachlich getragener wissenschaftlicher Terminus entsteht. Daher wird der Begriff der Jugend-Szene hier definiert als eine Form der *jugendlichen Vergemeinschaftung*, wobei Jugend als eine *Lebensphase*, welche in der Regel das Alter von fünfzehn bis fünfundzwanzig Jahren umfasst, verstanden wird. Die Teilhabe an dieser Vergemeinschaftungsform erfolgt auf der Basis einzelner *szenespezifischer Gemeinsamkeiten*, nach individuellen Kriterien. Ein spezifischer *Szene-Stil* stellt das Ergebnis des Zusammenwirkens der einzelnen Mitglieder dar und bildet für den außenstehenden Beobachter gerade das erkennbarste Merkmal der entsprechenden Jugend-Szene. Gleichzeitig mit der Form differiert ebenfalls die Größe der entsprechenden Jugend-Szene.[72]

---

[70] Vgl. Distanzierung vom wissenschaftlichen Begriff der Jugend-Szene im Sinne Hitzlers in: *Lauenburg, Frank*: Jugendszenen und Authentizität, S. 12ff.

[71] Viele der vermeintlich klassischen heute noch existierenden Jugend-Szenen wehren sich stark gegen die neuen Begriffe Jugendkultur oder Szene und nutzen für sich explizit den Begriff der Subkultur.

[72] Weiterführend: *Lauenburg, Frank*: Jugendszenen und Authentizität.

2. Die Cultural Studies und das Centre for Contemporary Cultural Studies (CCCS) in Birmingham

„Ist heute von Cultural Studies die Rede, werden explizit meist die anglo-amerikanischen Cultural Studies angesprochen. Implizit ist damit häufig die Vorstellung einer britischen Gründungsgeschichte verbunden, die seit den achtziger Jahren in eine US-amerikanische Erfolgsgeschichte mündete. Dies läßt den Eindruck eines homogenen Projektes entstehen, das kontinuierlich von Phase zu Phase weiterentwickelt wurde.“[73] Mit diesen Worten beginnt der erste Band eines österreichischen Forschungsprojektes zu den *Cultural Studies*. Diese angesprochene thematische Homogenität der Cultural Studies hat es jedoch nicht gegeben – ganz im Gegenteil, waren gerade die *historischen, geographischen, politischen* und *gesellschaftlichen Gegebenheiten* entscheidend für die inhaltliche Ausrichtung der jeweiligen Akteure der Cultural Studies. Hier wird jedoch besonders die *erste und zweite Generation* der *britischen Cultural Studies* berücksichtigt, daher wird die Heterogenität der thematischen Orientierung der gesamten Cultural Studies hier nicht weiter ersichtlich werden. Welchen großen Einfluss jedoch die *(soziale) Herkunft* der Vertreter der britischen Cultural Studies hatte, lässt sich im Folgenden leicht nachzeichnen, so dass dieser Aspekt, übertragen auf andere Gegebenheiten, Ausdruck dafür sein kann, wie heterogen die Cultural Studies im Gesamten sind.

Den gesellschaftlichen Kontext für die Entwicklung der britischen Cultural Studies bildeten erstens die *New Left*, hier verstanden als Reformulierung der sozialistischen Idee in Abgrenzung zum Stalinismus und der determinierten marxistischen Interpretation. Zweitens die *English Studies*, eine Reaktion auf die bildungsbürgerliche Kulturkonzeption. Drittens eine kritische Auseinandersetzung mit dem *Einfluss der Massenmedien* auf die Gemeinschaftserfahrungen, hier vor allem in der Arbeiterkultur, nach dem Zweiten Weltkrieg. Viertens der *Neoliberalismus* und damit der Rückgang wohlfahrtsstaatlicher Institutionen. Fünftens der *Klassenkampf*, hier verstanden als die Konflikte und Kämpfe um Anerkennung, Teilhabe und Repräsentation, die Verschärfung der Klassengegensätze durch die Konstruktion von Risikogruppen und Integrationsdefiziten im neoliberalen Diskurs und der zunehmenden Massenarbeitslosigkeit. Abschließend sechstens die *Multikultur* und die zunehmenden sozialen Unruhen in den 1950er Jahren.

Die Gründung des *Centre for Contemporary Cultural Studies* in Birmingham als Institut *„ist als unmittelbare Reaktion auf die vorherrschende Art des Literaturunterrichts in den English Studies* [hierunter ist im weitesten Sinne der Versuch der Konstruktion einer englischen nationalen Identität über die Literatur gemeint; F.L.] *zu verstehen, stand jedoch von Anfang an unter dem Postulat der*

---

[73] *Lutter, Christina; Reisenleitner, Markus*: Cultural Sudies – Eine Einführung, 2. unveränderte Auflage. Wien 2005, S. 15.

Interdisziplinarität.[74] Nach *Richard Hoggart* sollten die Studien am *CCCS* eine historische, literarische und eine soziologische Komponente zur Analyse kultureller Formen, Praktiken und Institutionen vereinen. Somit war den Cultural Studies von Anfang an ein *gesellschaftsbezogener politischer Charakter* immanent. Seit der Gründung des Instituts 1964 wurde mit einem geringen personalen Aufwand der Wert auf studentische Projektarbeit und Publikationstätigkeit gelegt – die Ausbildung fand in kleinen, thematisch zusammengestellten Arbeitsgruppen statt. *„Ohne zunächst eine sich explizit von Leavis unterscheidende Theorie oder Methode [...] zu entwickeln [...], wurde der Schwerpunkt der Untersuchungsgegenstände bewußt auf die proletarische (Alltags-) kultur verschoben.*"[75] Der (politische) Anspruch war hierbei, dass jeder *„als Produzent und Konsument von Kultur gleichermaßen ernstgenommen"*[76] werden müsse.

Eine entscheidende theoretische Wende vollzog sich im CCCS unter der Leitung von *Stuart Hall* (1968-1979). Nachdem Hoggart, Williams und Thompson aufgrund ihres interdisziplinären Ansatzes herbe Kritik der Fachspezialisten erhalten hatten, suchte Hoggart nach ausgereifteren theoretischen Grundlagen, die es am CCCS zu entwickeln galt, und rekrutierte Hall. Und so ließ *„der Einfluß europäischer Philosophen, insbesondere der ideologiekritischen Arbeiten Louis Althussers, [...] die Beziehung zwischen Ideologie und Medien in den Mittelpunkt des Interesses treten."*[77]

Im Mittelpunkt für das CCCS stand das Literaturverständnis von *Arnold Leavis*, respektive die Veränderung dieses Konzeptes. *„Die Analyse der Populärkultur begann als eine Ausweitung der Arnold-Leavis'schen Tradition in der literarischen Kritik. Hoggarts besondere Leistung war, das Zentrum dieser Kritik auf die kulturellen Artefakte der traditionellen Arbeiterklasse zu lenken – als Teil einer unmittelbaren Notwendigkeit, dem moralischen Philistertum gegenüber der Massenkultur und dem politischen Mythos der Nichtexistenz von Klassen entgegenzutreten"*[78] so beginnt eine Selbstdarstellung des Centre for Contemporary Cultural Studies in der Zeitschrift „Ästhetik und Kommunikation". Und so lag der Fokus des CCCS anfangs auf der Untersuchung und Darstellung der *Kultur der Arbeiterklasse*. Ende der 1960er Jahre trat zunehmend die Beschäftigung mit *Massenmedien* in den Vordergrund, die als Beispiel dafür angesehen wurden, welchen Einfluss Ideologien dominanter (hegemonialer) Gruppen auf die Gesamtgesellschaft hätte. Ab den 1980er Jahren erweiterte sich der Fokus noch-

---

[74] *Lutter, Christina; Reisenleitner, Markus*: Cultural Sudies, S. 27.

[75] Ebenda, S. 28.

[76] Ebenda.

[77] Ebenda, S. 29.

[78] CCCS: Selbstdarstellung des Centre for Contemporary Cultural Studies (CCCS). In: Ästhetik und Kommunikation, Heft 24, S. 35.

mals, indem die *Populärkultur als Ganzes* mit ihren individuellen Ausdrücken ins Blickfeld gerückt wurde.[79]

Auch wenn sich das CCCS mit verschiedenen Themen auseinandersetzte, so wird hier der Fokus auf den *Kulturbegriff* gelegt werden. Der Begriff Kultur ist jedoch unterschiedlich zu gebrauchen.[80] Das Wort Kultur ist vom lateinischen colere, das soviel wie pflegen bedeutet, abgeleitet. Diese Pflege galt ursprünglich dem Erdboden, woran noch heute das englische agriculture erinnert. *„In fortschreitender Ausdünnung dieser Grundbedeutung lässt sich das Wort Kultur inzwischen als Suffix an jedwede mit einer gewissen Systematik verfolgte menschliche Tätigkeit anhängen, wobei es so gut wie alles bezeichnen kann, was einen gewissen Grad an entwickelter Vielfalt und innerer Ausdifferenzierung aufzuweisen hat wie z.B. in Gesangskultur, Käsekultur, Fitnesskultur, Partykultur, Müllkultur usw."*[81] In dieser Argumentation lässt sich u.a. auch die Verwendung des Begriffes Jugendkultur einreihen.

Eine gänzlich andere Interpretation des Kulturbegriffes vollzieht sich beim Verständnis der Kultur als geographische und politische Großgebilde wie Nationen mit unterschiedlichen historischen Entwicklungen, deren Einheit durch bestimmte Sprachen, Mentalitäten, Kunst- und Lebensformen verbürgt wird. Das, was das große Ganze jeweils zusammenhält, wird hier als Kultur verstanden.

In einem weiteren Verständnis ist Kultur all das, was im Zusammenleben von Menschen der Fall ist. Der Philosoph Bernhard Waldenfels schrieb, dass sich unter Kulturen all das fassen lässt, was Menschen aus sich und den Dingen machen und was ihnen dabei widerfährt. Darin eingeschlossen sind symbolische Deutungen, kollektive Rituale, Kunststile oder soziale Einrichtungen. Kultur ist damit alles; egal, was Menschen tun, dieses ist schon Kultur. Gleichzeitig löst sich hierbei die Bedeutung des Kulturbegriffes auf: *„ohne einen Gegenbegriff verkommt er zu einer tautologischen Schablone."*[82]

Ein normativer Kulturbegriff, der durch das 19. Jahrhundert bis in die Mitte des 20. Jahrhunderts hinein Geltung besaß, war der der Hochkultur. Träger dieser Hochkultur war das Bürgertum, *„das seit dem 18. Jahrhundert den neuen säkularen Wert des ‚Ästhetischen' im Sinne einer Kultivierung und Sublimierung der*

---

[79] Zur Entwicklung des Theorieansatzes des CCCS weiterführend:

Hall, Stuart: Cultural Studies – Ein politisches Theorieprojekt. Ausgewählte Schriften 3. Hamburg 2000.

(Will, Wilfried van der): Einige Daten und Angaben zum CCCS. In: Ästhetik und Kommunikation, Heft 24, S. 60.

[80] Die hier folgende begriffliche Differenzierung des Kulturbegriffes beschränkt sich weitgehend auf die Unterteilung nach: *Assmann, Aleida*: Einführung in die Kulturwissenschaft – Grundbegriffe, Themen, Fragestellungen. Berlin 2006, S. 9ff.

[81] Ebenda, S. 9.

[82] Ebenda, S. 10.

Sinne entdeckte und sich damit polemisch von der Unterhaltungsindustrie der Unterschichten absetze."[83] Gerade gegen dieses Verständnis der Kultur im Sinne einer Hochkultur richtete sich ein Großteil der Studien der Cultural Studies. Ein weiterer normativer Kulturbegriff bezieht sich auf das, was den Menschen zum Menschen macht. In diesem Sinne ist der Mensch nicht eo ipso Mensch, sondern er wird dies erst durch eine kultivierende und korrigierende Arbeit an sich selbst. Der Schlüssel dieser Kultivierung ist die Selbstdisziplin, *„die Beherrschung der Triebnatur.*"[84] Gegenbegriffe sind in diesem Verständnis Wildheit, Barbarei und ein vorkultureller Zustand.

Ein dritter normativer Kulturbegriff ist der emphatische Kulturbegriff der Kulturkritiker. Kultur ist hier mehr eine Form von Transzendenz und steht hiermit in einem krassen Gegensatz zu den weltlichen Produkten der Kulturindustrie, *„die die Massen unterhält.*"[85] Das Andere der Kultur ist für Adorno die Kulturindustrie, in der Kunst die Form einer Ware annimmt.

Diese Erklärungen können jedoch nicht als die einzigen Begriffsdefinitionen verstanden werden, so unterteilt zum Beispiel Doris Teske etwas abweichend in Kultur als 1.) Bearbeitung von Boden, 2.) Perfektionierung des Geistes, im Sinne einer Zivilisation, 3.) als gesellschaftliche Entwicklung, hier verbunden mit einer möglichen Herausbildung einer Nationalkultur und 4.) der Kulturkritik Matthew Arnolds, verbunden mit einem elitären Kulturbegriff.[86]

In den britischen Cultural Studies bildet ein *ethnologischer Kulturbegriff* die Grundlage. Der britisch-polnische Ethnologe *Bronislaw Malinowski* verstand Kultur als ein *funktionales System*, im welchem grundlegende universale Bedürfnisse, wie Nahrung oder Unterkunft, und Problemstellungen, wie beispielsweise innere Konflikte, Ungleichheiten oder der Tod, auf für eine jede Kultur typische Weise gelöst werden – hieran knüpfte das CCCS an.[87]

Die Cultural Studies in Birmingham entstanden aus *„einer Krise der ‚Humanities*"[88], wie die Geisteswissenschaften an englischen Universitäten genannt werden. So jedenfalls fasste es der Titel eines Aufsatzes von Stuart Hall zusammen, der maßgeblich an der Reorientierung beteiligt war: „The Emergence of Cultural Studies and the Crisis of the Humanities." *Hall* gehörte zusammen mit *Raymond Williams, Edward Thompson* und *Richard Hoggart* zu einer Gruppe von jungen *„marxistisch inspirierten Literaturwissenschaftlern*"[89], die bei dem

---

[83] *Assmann, Aleida*: Einführung in die Kulturwissenschaft, S. 10.

[84] Ebenda.

[85] Ebenda, S. 12.

[86] Weiterführend: *Teske, Doris*: Cultural Studies: GB – Anglistik – Amerikanistik. Berlin 2002, S. 14ff.

[87] Vgl.: Ebenda, S. 19.

[88] *Assmann, Aleida*: Kulturwissenschaft, S. 16.

[89] Ebenda.

emeritierten Literaturprofessor *Frank Raymond Leavis* studierten. Dieser verkörperte ein elitäres Konzept von *bürgerlicher Hochkultur*; mit welchem sich Hall, er stammte aus den ehemaligen britischen Kolonien, Williams, er kam aus einer walisischen Arbeiterfamilie, und andere nicht identifizieren konnten. „*Sie setzten sich von Cambridge nach Birmingham ab und erfanden einen neuen Kulturbegriff, der mit dem ihres Lehrers nichts mehr zu tun hatte.*"[90] Leavis verkörperte in seinem Hauptwerk „The Great Tradition" ein Verständnis von Kultur, welche von einer kleinen *elitären Gruppe* geprägt sei und grenzte sich damit als Gegenpol von der Mehrheit der Gesellschaft, welche er als „*dumpfe, träge Masse*" verstand, ab – die Neu-Birminghamer hingegen wandten sich dem Studium der *industriellen Massenkultur* zu. Für sie war Kultur „*nicht das einbalsamierte Erbe einer nationalen Tradition, sondern der Schauplatz von Kämpfen um Macht, Geld, Anerkennung und Prestige.*"[91]

„*Jugendkulturen*", so argumentiert Alexander Häusler, „*wurden hierbei* [in den Studien des CCCS; F.L.] *als Untereinheiten einer Klassenkultur mit spezifischen Ausformungen interpretiert, die in Ermangelung von Klassenüberwindungsmöglichkeiten spezifische subkulturelle Identifikationsmuster und Lebensstile hervorbringen.*"[92] Mit anderen Worten: Die *Jugend-Szene der Skinheads*, als hier gewähltes Beispiel, wurde im Duktus des CCCS erstens als eine Jugendkultur verstanden, die durch ihren sozialen Ursprung aus der Arbeiterklasse erst eine bestimmte Kultur herausbildet. Hieraus ergeben sich zweitens bestimmte Merkmale, Identifikationsmuster, Lebensstile, Verwaltensweisen etc., die aus ihrer Klasse begründet sind und drittens mangelt es den Skinheads an sozialer Mobilität, welche es ihnen ermöglichen könnte, aus ihrer Klasse, und damit auch aus ihrer (Jugend-) Kultur, zu entfliehen.

Dieses Kulturverständnis soll hier als Grundlage dienen – inwieweit diese Voraussetzungen noch heute für die Szene der Skinheads relevant sind, soll im Folgenden, auf der eben erwähnten Basis, erarbeitet werden.

---

[90] *Assmann, Aleida*: Einführung in die Kulturwissenschaft, S. 16.

[91] Ebenda, S. 17.

[92] *Häusler, Alexander*: Szene, Stil, Subkultur oder Bewegung? In: *Dornbusch, Christian; Raabe, Jan* (Hrsg.): RechtsRock, S. 273.

III. Zum Mythos der Skinheads eine Jugend-Szene der Arbeiterschicht zu sein

1. Die Skinheadstudien

1.1. Methodisches Vorgehen

Empirische Daten über die Jugend-Szene der Skinheads gibt es nur sehr wenige. In der Regel ergeben sich hierbei grundlegende Abgrenzungsprobleme – entweder ist nur die Rede von rechten Skinheads und somit werden unpolitische und linke Skinheads nicht berücksichtigt oder (rechte) Skinheads werden zusammen mit Neonazis, gewaltbereiten Jugendgruppen oder ähnlichen in einer Gruppen zusammengefasst; all diese Daten sagen somit nichts über die Gesamtheit der Szene der Skinheads aus.

Es gibt jedoch zwei *Skinheadstudien*, bei denen dieses Problem so nicht existiert. Diese sind die Studie von *Klaus Farin und Eberhard Seidel-Pielen von 1992*, deren Auswertung sich unter anderem in ihrem Werk „Skinheads" wiederfindet[93] und die Studie von *Helmut Heitmann von 1995*[94].

Für die erste Studie 1992 wurde ein doppelseitiger Fragebogen, mit der Bitte um Auskunft über musikalische Präferenzen, politische Einstellungen, Zugehörigkeitsdauer zur Szene, Selbstverständnis, allgemeines Freizeitverhalten und biographische Angaben, erstellt. Insgesamt wurden etwa 4.000 dieser Fragebögen auf Festivals und in Kneipen verteilt, an Szene-Multiplikatoren in mehreren Orten verschickt, mit der Bitte um Weiterverteilung. Sie wurden Aussendungen von Mailordervertrieben und Plattenfirmen, sowie Fanzines beigelegt. Über diese Anstrengung kamen 265 Fragebögen zurück, von denen 234 in der Auswertung berücksichtigt wurden.[95] Somit ergaben sich 1992 gerade einmal 3% der Gesamtszene zur Auswertung der Ergebnisse.[96]

Heitmann erhielt zur Auswertung für seine Studie von 1995 von den dieses mal versendeten 8.000 Fragebögen 406 zurück – der Fragebogen bestand aus 14 Seiten mit 69 Fragen – damit erreichte er etwa 5% der Skinheadszene.

„*Die Ergebnisse sind nach wissenschaftlichen Kriterien weder valide noch repräsentativ.*"[97] Dies ist ein Beispiel der gängigen Vorwürfe an beide Studien. Das zentrale Problem liegt gerade darin, dass es keine Vergleichsstudien gibt,

---

[93] *Farin, Klaus; Seidel-Pielen, Eberhard*: Skinheads.

[94] *Heitmann, Helmut*: Die Skinhead-Studie. In: *Farin, Klaus* (Hrsg.): Die Skins, S. 66-92.

[95] Ausgenommen wurden, aufgrund der mangelnden Vergleichbarkeit, solche nichtdeutschsprachiger Skinheads aus Großbritannien, Schweden, Italien, Luxemburg und den USA.

[96] Die Grundlage beider Skinheadstudien bildete die Annahme, dass etwas 8.000 deutsche Skinheads existieren würden, auf dieser Basis ergaben sich auch die Angaben von drei respektive fünf Prozent.

[97] *Rohmann, Gabriele*: Spaßkultur im Widerspruch, S. 9.

welche die Ergebnisse überprüfen könnten. Fraglich bleibt daher, ob die Ausschnittsangaben von drei respektive fünf Prozent wirklich als Ausdruck der gesamten Skinhead-Szene gelten können und genau dies ist anzuzweifeln. Beide Studien hatten das Ziel „*mit einer Beantwortung der Fragebögen zu einer vorurteilsfreien, fairen, tendenziell repräsentativen, aber auch ungeschönten Darstellung von Skinheads beizutragen.*"[98] Solch eine Klarstellung erscheint nicht für alle Spektren der Szene notwendig – das gängige Bild des Skinheads ist das des rechten Schlägers, warum sollte sich somit ein rechter Skinhead daran beteiligen? Folglich kann sich eine Verschiebung in der Beteiligung ergeben, ganz abgesehen davon, dass ein vierzehnseitiger Fragebogen mit 69 Fragen viel zu lang ist und den Beteiligten ein großes Maß an Durchhaltewillen abverlangt – dies kann auf Konzerten oder Festivals nicht vorausgesetzt werden.

Auch die Verteilung über Konzerte, Mailorder, Fanzines u.ä. ist problematisch, da dies eine Vorselektion zur Szene vornimmt, da es den Studienautoren nicht möglich war alle Konzerte, Mailorder und Fanzines mit den Fragebögen auszustatten ist hier die prozentuale Verteilung entscheidend.[99]

Aufgrund dieser methodischen Mängel ist somit nicht davon auszugehen, dass die Ergebnisse repräsentativ sind – jedoch gibt es keine anderen ähnlich umfangreichen Daten, daher soll im Folgenden kurz auf die Ergebnisse eingegangen werden.

---

[98] *Heitmann, Helmut*: Die Skinhead-Studie. In: *Farin, Klaus* (Hrsg.): Die Skins, S. 72.

[99] Etwa zwei bis drei Prozent der deutschen Skinheads verorten sich im linken Spektrum, so gibt es etwa 150-200 deutsche RASH-Skins. (Vgl.: *Niedersächsisches Ministerium für Inneres und Sport* (Hrsg.): Rechtsextremistische Skinheads – Neonazistische Kameradschaften. Hannover 2003, S. 13f.) Hätten die Studienautoren jetzt nur zwei Prozent ihrer Fragebögen bei linken Konzerten, Mailordern oder Fanzines ausgegeben, so würden sie davon ausgehen, dass diese Angaben stimmen und würden die Ergebnisse daher in erheblichem Maße lenken. Kontaktieren sie in stärkerem Maße linke Veranstaltungen, so lenken sie die Ergebnisse in eine positiv-linke Richtung – wie die Verteilung genau aussah, darüber sparen sich beide Studien jedoch aus.

Bei Farin/ Seidel-Pielen zählen sich jedoch mehr als 20 Prozent zu den Redskins (Vgl.: *Farin, Klaus; Seidel-Pielen, Eberhard*: Skinheads, S. 201.) – dies ist, als ein Beispiel für die Fragwürdigkeit der Ergebnisse, stark anzuzweifeln.

1.2. Ergebnisse der Studien

Die Frage nach dem Beruf respektive der Tätigkeit wurde 1992 wie folgt beant-

Abb. 1: Farin/ Seidel-Pielen 1992

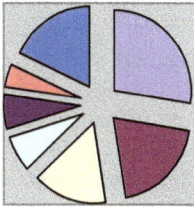

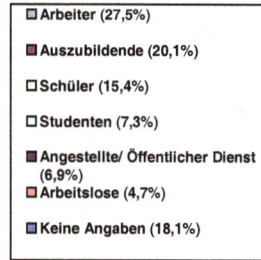

- ☐ Arbeiter (27,5%)
- ■ Auszubildende (20,1%)
- ☐ Schüler (15,4%)
- ☐ Studenten (7,3%)
- ■ Angestellte/ Öffentlicher Dienst (6,9%)
- ☐ Arbeitslose (4,7%)
- ■ Keine Angaben (18,1%)

wortet: 27,5% der befragten Skinheads bezeichneten sich als Arbeiter, 20,1% waren Auszubildende, 15,4% Schüler, 7,3% Studenten, 6,9% Angestellte respektive waren im Öffentlichen Dienst tätig und 4,7% waren arbeitslos.[100] Dies ergibt jedoch nur 81,9% – zu den restlichen 18,1% machten die Autoren (!) keine Angaben.

Heitmann nutzte etwas andere Kategorien. Hier waren die Befragten zu 18,6% Facharbeiter und 4,8% ungelernte Arbeiter, zusammen damit 23,4% in der Kategorie Arbeiter. 25,7% waren Auszubildende, 16,4% waren Schüler. Weiterhin

Abb. 2: Heitmann 1995

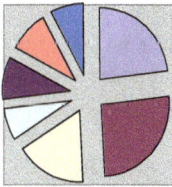

- ☐ Arbeiter [Facharbeiter + ungelernte Arbeiter] (23,4%)
- ■ Auszubildende (25,7%)
- ⊓ Schüler (16,4%)
- ☐ Studenten (7,3%)
- ■ Angestellte (9,8%)
- ☐ Arbeitslose (9,3%)
- ■ Weitere/ Keine Angaben (8,1%)

gingen 7,3% der Befragten einem Studium nach und 9,8% waren Angestellte. 9,3% waren zur Zeit der Erhebung arbeitslos. Zusätzlich notierte Heitmann die Kategorien der Selbständigen (0,8%), Bundeswehrangehörigen (6,5%), Strafgefangenen (0,3%) und Personen, die sich im Mutterschaftsurlaub befanden (0,5%), zum Geschlecht wurden in dieser Kategorie keine genaueren Angaben gemacht.[101]

Die Ergebnisse beider Studien bestätigen sich daher – trotz ihres Entstehungsmangels – gegenseitig. Damit lässt sich zusammenfassend sagen, dass sich, auf

---

[100] Vgl.: *Farin, Klaus; Seidel-Pielen, Eberhard*: Skinheads, S. 186.

[101] Vgl.: *Heitmann, Helmut*: Die Skinhead-Studie. In: *Farin, Klaus* (Hrsg.): Die Skins, S 76f.

der Basis der Studien von Farin/ Seidel-Pielen (1992) und Heitmann (1995), etwa 35,5% respektive 42,1%[102] in ihrer (Erst-) Ausbildung befinden (Schüler und Auszubildende), nur ein sehr geringer Anteil ist arbeitslos (4,7% respektive 9,3%) und bewegt sich damit unter dem Bundesdurchschnitt von 8,5% respektive 10,4%[103]. Die bürgerliche Mittelschicht und (Anwärter auf) die Oberschicht sind sogar zu 14,2% (Studenten, Angestellte/ Öffentlicher Dienst) respektive 18% (Studenten, Angestellte, Selbständige) vertreten. Als Arbeiter bezeichneten sich 27,5% (1992) respektive 23,4% (1995, ungelernte Arbeiter, Facharbeiter). Werden die Ergebnisse beider Studien subsumiert und ein Durchschnittswert erstellt, nach den Kategorien:

    1.) (Finanziell) Abhängige (Schüler, Auszubildende, Arbeitslose),

    2.) Arbeiter (ungelernte Arbeiter, Facharbeiter),

    3.) Mittelschicht und (Anwärter auf die) Oberschicht (Studenten, Angestellte, Öffentlicher Dienst, Selbständige) und

    4.) Weitere/ Keine Angaben,

so ergibt sich folgende Grafik:

Abb. 3: Durchschnittswert

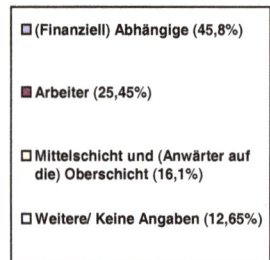

- (Finanziell) Abhängige (45,8%)
- Arbeiter (25,45%)
- Mittelschicht und (Anwärter auf die) Oberschicht (16,1%)
- Weitere/ Keine Angaben (12,65%)

Das *Institut der deutschen Wirtschaft* in Köln unterscheidet zwischen den alten und den neuen Bundesländern und nutzt erneut andere Kategorien. Für die alten Bundesländer werden 8,8% respektive 10,3%[104] als Selbständige, 8,5% respektive 6,8% als Beamte, 43,3% respektive 48,5% als Angestellte und 37,4% respektive 33,4% als Arbeiter geführt. Für die neuen Bundesländer gibt dieses Institut folgende Angaben an: 5,7% respektive 8,4% waren Selbständige, 1,6% respektive 4,2% Beamte, 49,8% respektive 46,6% Angestellte und 42,7% respektive 40,5% Arbeiter.[105]

---

[102] Die erste Angabe bezieht sich hier jeweils auf die Studie von 1992, die zweite auf die Studie von 1995.

[103] Vgl.: *Institut der deutschen Wirtschaft* (Hrsg.): Deutschland in Zahlen. Köln 2004, S. 14.

[104] Für eine Vergleichbarkeit werden mehrere Angaben herangezogen. Im Falle der alten Bundesländer entspricht die erste Angabe dem Jahr 1990, die zweite dem Jahr 2000, für die neuen Bundesländer entspricht die erste Angabe dem Jahr 1992 und die zweite dem Jahr 2000.

[105] Vgl.: *Institut der deutschen Wirtschaft* (Hrsg.): Deutschland, S. 13.

Werden beide Gruppen (sozialer Stand der Skinheads und der Bundesdurch-schnitt) miteinander verglichen, obwohl sich Probleme hieraus ergeben, da alle drei Studien zum Teil andere Kategorien verwenden, so zeigt sich als erstes, dass sich das Gros der Skinheads in ihrer (Erst-) Ausbildung befindet und somit noch in Abhängigkeit von ihren Eltern respektive zu ihrem Arbeitgeber oder dem Staat (als Arbeitslose) befindet – dies liegt daran, dass die Teilhabe an der Szene der Skinheads zum Großteil in der Jugendphase liegt; daher auch der Be-griff der *Jugend-Szene*. Auch findet sich ein Großteil der Skinheads in der Grup-pe der Arbeiter wieder, es lässt sich hier jedoch keine größere Signifikanz im Verhältnis zum Bundesdurchschnitt feststellen – Skinheads sind daher, auf der Basis der vorhandenen Skinhead-Studien, weder eine homogene Arbeiter-Jugend-Szene, noch sind Arbeiter in ihr überproportional stark vertreten; ganz im Gegenteil, das Gros der Skinheads, fast die Hälfte der Befragten, befinden sich in einer Form der (finanziellen) Abhängigkeit, welche sich durch ihr Alter erklären lässt. Trotz alledem nutzen sie das Image des Arbeiters in ihrem Stil – wie dies konkret aussieht und warum sie dieses nutzen soll im Folgenden geklärt werden.

2. Der Skinheadstil

Claus Peter Müller-Thurau berichtet von einem Experiment einiger Tierpsycho-logen. Hierbei wurde das Gefieder einer Möwe mit Farbe bekleckst. Von diesem Moment an unterschied sich dieses Exemplar von seinen Artgenossen, welche sie daher attackierten.[106]
Mitglieder einer Jugend-Szene bringen sich diese „Farbkleckse" meist selbst bei – auch das stößt auf wenig Gegenliebe, es bringt jedoch den Vorteil, dass sich die Mitglieder und somit Sympathisanten auch untereinander schneller erkennen können. Diese bewusste *Selbststigmatisierung* kann, wie folgend noch zu klären ist, auch positive Auswirkungen haben. Doch sei hier noch einmal erwähnt: „*Manche könnten hier frohlocken – denn da ist er ja, der Bodensatz des allge-mein Menschlichen! Anders-Sein ist halt ein Makel*"[107], nur muss ebenfalls be-rücksichtigt werden: „*Wenn Aufmüpfigkeit und Rebellion angesagt sind, ist An-passung boshaft.*"[108]
Ein grundlegendes Element der *Stilanalyse* bildet das Verständnis der *Bricolage* nach *Claude Lévi-Strauss*, welches er in seinem Werk „Das wilde Denken"[109]

---

[106] Vgl.: *Müller-Thurau, Claus Peter*: Lass uns mal 'ne Schnecke angraben – Sprache und Sprüche der Jugendszene, 6. Auflage. Düsseldorf, Wien 1986, S. 26f.

[107] Ebenda, S. 62.

[108] Ebenda.

[109] Vgl.: *Lévi-Strauss, Claude*: Das wilde Denken. Frankfurt/ Main 1973.

entwickelte. Bricolage meint hier das *Basteln* eines neuen Stils, indem Zeichen, Elemente, Codes o.ä. aus ihrem etablierten Zusammenhang herausgenommen und in einen neuen Zusammenhang hineingesetzt werden; hierbei kann sich die Bedeutung des verwendeten Zeichens etc. wahrlich von seiner ursprünglichen Deutung unterscheiden. Mit den Worten von John Clarke: *„Objekt und Bedeutung bilden zusammen ein Zeichen, und innerhalb einer jeden Kultur werden solche Zeichen wiederholt zu charakteristischen Diskursformen zusammengestellt. Wenn jedoch der Bricoleur (unter Benutzung des gleichen Gesamtrepertoires an Zeichen) das bezeichnende Objekt innerhalb dieses Diskurses in eine andere Stellung bringt, oder wenn das Objekt in eine völlig andere Zusammenstellung eingebracht wird, bildet sich ein neuer Diskurs heraus, eine andere Botschaft wird vermittelt.“*[110]

Ein mögliches Indiz für eine Jugend-Szene ist somit das öffentliche zur Schau stellen eines bestimmten *szenespezifischen Stils*. Paul Willis beschrieb in seinem Buch „Profane Culture“[111], in Anlehnung an das erstmals von Claude Lévi-Strauss verwendete Konzept der *Homologie*, die notwendige *„symbolische Stimmigkeit“*[112] (Homologie) zwischen den Werten und den Lebensstilen einer Gruppe, mit denen sie ihre zentralen Anliegen ausdrückt und verstärkt. Somit wäre die *interne Struktur* einer Jugend-Szene nicht rein zufällig, sondern durch eine *„extreme Ordentlichkeit“*[113] gekennzeichnet. *Mike Brake* steht in dieser Tradition, wenn er eine Dreiteilung der Stilanalyse in *Image, Haltung* und *Jargon* vorschlägt. Das Image wird über das *Erscheinungsbild* transportiert, also über die *äußere Aufmachung* sowie modische Attribute wie *Frisur, Schmuck* und persönliche *Accessoires*. Die Haltung setzt sich aus dem *körperlichen Ausdruck*, der Art und Weise, wie man sich bewegt, und der *Körpersprache* zusammen. Der Jargon ist das verwendete spezifische *Vokabular*, ein *Slang* und dessen Entwicklungsgeschichte.[114] Diese Dreiteilung ist auch daher interessant, da sie absteigend eine *Chronologie der Sichtbarkeit* darstellt. Während das Image, wird es als Äußeres zusammengefasst, von jedem gesehen wird, ist die Haltung, also die Art und Weise des Ausdrucks, nur dann sichtbar, wenn direkt darauf geachtet wird und der Jargon ist völlig szenebedingt und auch nur in der Szene selbst und im verbal-kommunikativen Kontakt mit ihr sichtbar und ver-

---

[110] Hier nach: *Hebdige, Dick*: Subculture – Die Bedeutung von Stil. In: *Diederichsen, Diedrich; Hebdige, Dick; Marx, Olaph-Dante* (Hrsg.): Schocker – Stile und Moden der Subkultur. Reinbek 1983, S. 95.

[111] Vgl.: *Willis, Paul*: Profane Culture – Rocker, Hippies, Jugendkulturen. Frankfurt/ Main 1981.

[112] *Hebdige, Dick*: Subculture. In: *Diederichsen, Diedrich; Hebdige, Dick; Marx, Olaph-Dante* (Hrsg.): Schocker, S. 105.

[113] Ebenda.

[114] Vgl.: *Brake, Mike*: Soziologie der jugendlichen Subkultur, S. 19f.

ständlich. Dem Jargon soll hier im Folgenden jedoch keine weitere Beachtung gezollt werden, da für die Skinhead-Szene kein typischer Jargon feststellbar ist. Für die Bedeutung dieser Elemente unterscheidet *Gerhard Schulze* drei Bedeutungsebenen von Stil: *Distinktion, Genuss* und *Lebensphilosophie*. Mit Distinktion ist die Rolle des persönlichen Stils als soziales Erkennungsmerkmal gemeint. Die feinen Unterschiede des Stils schaffen einerseits eine Abgrenzung nach Außen gegenüber Nichtzugehörigen und vermitteln gleichzeitig die Zugehörigkeit nach Innen, erzeugen ein Wir-Gefühl. Die Genussdimension hebt auf das positiv-körperliche Erleben des Stilelements ab. Während die lebensphilosophischen Elemente meist ein Bekenntnis zu unterschiedlichen Leitbildvorstellungen mit grundlegenden Wert- und Handlungsorientierungen beinhalten.[115]

Helmut Hartwig interpretiert die verschiedenen Selbstdarstellungen in Musik, Gestik, Mimik, Bildern und Tanz, als „*symbolische Äußerung des Unbewussten*"[116] – diese scheinen daher in das Lebensgefühl der Mitglieder eingegangen zu sein, ohne es letztendlich direkt steuern zu müssen, somit wird eine szenespezifische Selbstdarstellung regelrecht zu einem *way of life*, einer Art zu leben.

Susanne El-Nawab vermerkt in ihrer Einleitung: „*Skinheads gibt es schon über 30 Jahre. Damals wie heute stilisieren sie Härte, Männlichkeit, Gewalt und Stärke in ihrem martialischen Äußeren und Auftreten.*"[117] Doch sollte schon hier festgehalten werden, dass nicht alle, die eine Glatze oder kurz geschorene Haare, Springerstiefel und Bomberjacke tragen Skinheads, egal welcher Couleur, sein müssen, da die meisten typischen Elemente des Skinhead-Outfits heute weit über die eigentliche Szene hinaus Verbreitung finden – auch können sich Zeichen, Stil-Elemente, Accessoires etc. über die Bricolage in ihrer Bedeutung wandeln! Ein Teil der Jugendlichen hat Teile des Erscheinungsbildes der Skinheads als Modetrend übernommen: „*Die martialische Aufmachung drückt teilweise einen – unpolitischen – Protest gegen die Regeln der Erwachsenenwelt aus und bedeutet einen Tabubruch gegen die gesellschaftlichen Konventionen.*"[118] Freilich eine Aussage, welche auf beinahe jede Jugend-Szene zutrifft.

Männlichkeitsideale scheinen ein enormes Beharrungsvermögen zu besitzen. Je mehr die traditionelle Rollenverteilung der Geschlechter in der westlichen Gesellschaft an Bedeutung verliert, um so nachdrücklicher wird in der unteren Schicht der Bevölkerung der Anspruch auf „richtige Männlichkeit", vorwiegend nach deren alten Leitbildern, gerichtet. Während in den unterschiedlichsten Bereichen der industriellen Dienstleistungsgesellschaft physische Männerarbeit im

---

[115] Vgl.: *Schulze, Gerhard*: Die Erlebnisgesellschaft – Kultursoziologie der Gegenwart. Frankfurt/ Main, New York 1992.

[116] Vgl.: *Hartwig, Helmut*: Jugendkultur, S. 227.

[117] *El-Nawab, Susanne*: Skinheads, S. 9.

[118] *Bundesamt für Verfassungsschutz* (Hrsg.): Symbole und Zeichen der Rechtsextremisten. Köln 2006, S. 50.

Bergbau, der Industrie, im Straßenbau oder auf dem Felde in hohem Maße technologisch überflüssig wird, bemühen sich Jugendliche, wie die Skinheads, in ihrem Stil den *Habitus der Arbeiterkultur* des letzten Jahrhunderts neu aufleben zu lassen. Ähnlich verhält es sich bei der Rolle der Geschlechterverteilung. In einer Zeit, in der sich vermehrt die Vorstellung der Gleichberechtigung der Frau und einer stärkeren Beteiligung des Mannes an der Haus- und Versorgungsarbeit zu etabliert haben scheint, beziehen sich Jungen, und nicht wenige Mädchen, in den *marginalisierten Zonen* unserer Gesellschaft auf die *althergebrachten Geschlechtertugenden*: Hiernach gehören Frauen in die Küche, sollen die Kinder versorgen, weich, attraktiv und stets bereit zum Sex sein, während der Mann zur Arbeit geht, um die Familie zu versorgen und daher hart gegen sich und andere sein muss.[119]

John Clarke ordnete schon früh bei seinen Studien dem Begriff der *Gemeinschaft* zentrale Bedeutung zu. „*Wir sind der Auffassung, daß der Skinhead-Stil einen Versuch darstellt, über den ‚mob' die traditionelle Arbeiter-Gemeinschaft als Ersatz für ihren tatsächlichen Niedergang wiederzubeleben.*"[120] Hierbei spielt die noch zu erwähnende Verschlechterung der sozialen Situation der Arbeiterklasse in den 1960er Jahren entscheidend mit hinein. Das sich steigernde Gefühl dieser Jugendlichen, nicht dazu zu gehören, stärkte im Gegenzug ihr *Wir-Gefühl* respektive baute es real erst auf. Doch diese defensive Ausrichtung wurde zunehmend nach außen gekehrt und führte dazu, dass jeder, der nicht ihrem Lebensstil entsprach, als Gegner betrachtet wurde – hierzu zählte besonders jeder Aufstiegsorientierte. Auch in diese Richtung argumentiert Clarke über das *Pakibashing*: „*Das Verprügeln der Pakistanis (Paki-bashing) schloß die rituelle und aggressive Verteidigung der sozialen und kulturellen Homogenität des Viertels gegen ihre offensichtlichsten Außenseiter ein – teilweise aufgrund ihrer besonderen Erkennbarkeit (etwa als Ladenbesitzer) in den Stadtvierteln, etwa im Vergleich zu den Westindern, und auch aufgrund ihrer andersartigen Kulturmuster (etwa ihrer Weigerung, sich zu verteidigen, usw.).*"[121] Die Gründe für dieses „Hobby" liegen nach Clarke eindeutig im Lebensstil – die Erkennbarkeit der „Fremden" durch eigene Läden oder ihr Kulturmuster des Sich-Nicht-Verteidigens – es ist nicht die Rede von äußerlichen Unterschieden, wie der Hautfarbe oder ähnlichem. Clarke bringt auch hier die *Westinder* mit ins Spiel, die sich rein äußerlich mehr von weißen Jugendlichen unterscheiden als Pakistanis; das spielt aber keine Rolle. Auch Clarke argumentiert hierbei eben nicht mit einem *ethnischen oder politischen Rassismus*, wie es andere tun, sondern mit einer *klassenbedingten Aversion*.

---

[119] Vgl.: *Kersten, Joachim*: Die Gewalt der Falschen – Opfermentalität und Aggressionsbereitschaft. In: *Farin, Klaus* (Hrsg.): Die Skins, S. 103.

[120] *Clarke, John*: Die Skinheads. In: *Berger, Hartwig* [u.a.] (Hrsg.): Jugendkultur als Widerstand, S. 171.

[121] Ebenda, S. 174f.

2.1.   Das Image

„*Als Skinhead bist du nie wieder Müller 5 aus der 8b. Sobald du deine eigenen vier Wände verläßt, stehst du im Rampenlicht. Brave Bürger wechseln die Straßenseite, ängstliche Blicke verfolgen dich, Gespräche verstummen eine Schreck-sekunde lang.* [Man; F.L.] *wird zu einer Berühmtheit in seinem Dorf.*"[122] Doch woran genau liegt das? Was veranlasst den Bürger, sich vor diesen Jugendlichen zu fürchten?

El-Nawab vertritt die Einstellung, dass *Gewalt* in vielen Jugend-Szenen stilisiert wird. „*Punks, Rocker, Skins, Psychos, Heavy-Metal-Fans... – sie alle symboli-sieren durch ihr Auftreten, ihre Kleidung und Musik eine in Szene gesetzte Ag-gressivität und Gewaltbereitschaft.*"[123] Und Skinheads sind für sie das schillern-de Beispiel einer Jugend-Szene, in welcher in allen Bereichen Gewalt ästheti-siert wird – und dies nicht ausschließlich im negativen Sinne verstanden. Ästhe-tik findet sich – im Verständnis El-Nawabs – nicht nur in den Bereichen der Künste oder lässt sich auf das stilvoll Schöne reduzieren, sondern ist im mensch-lichen Alltag und in weiten Bereichen des menschlichen Handelns vorhanden, so zum Beispiel in der Gestaltung der Natur, der Städte, von Wohn- und Ar-beitsstätten, in Kleidung und Gerät, in der Darstellung des Körpers und dessen Bewegungen, sowie im Menschen selbst, in seiner Psyche, seinem Geist und Handeln. Somit kann Ästhetik hiernach Ordnung, klare Linien und Formen, aber auch das absolute Chaos symbolisieren.[124]

„*Der Skinheadstil hat sich im Laufe der Jahre zwar einiger Änderungen unter-zogen, aber es ging und geht immer noch darum, sich hart und smart zu kleiden. Wenn das Dasein als Skinhead etwas bedeutet, dann bedeutet es, stolz auf sich selbst zu sein. Und das hat sich stets in unserem Stil widergespiegelt.*"[125] Viele Skinheads sehen ihre Kleidung als ein Ausdruck der *Working Class*. Seltener findet sich die Begründung in einem *Kämpferoutfit*, entscheidend bleibt eine Form von Stolz.[126] Trotz alledem ist den meisten bewusst, dass andere nicht we-gen ihrer vermeintlichen Arbeiterkleidung die Straße wechseln, sondern auf-grund der äußerlichen Gewaltdarstellung. Somit wirkt dieses Gesamtkonstrukt einerseits als Schutzschild und gleichzeitig „rotes Tuch" für andere Gewaltberei-te.[127]

Die *Frisur* als äußeres Erscheinungsbild ist nicht nur Namensgeber für die Be-wegung, sondern Dreh- und Angelpunkt des Stils. Skinhead, zu deutsch Haut-

---

[122] *Farin, Klaus; Seidel-Pielen, Eberhard*: Skinheads, S. 61.

[123] *El-Nawab, Susanne*: Skinheads, S. 11.

[124] Vgl.: Ebenda, S. 16.

[125] *Marshall, George*: Skinhead Nation, S. 73.

[126] Vgl.: *El-Nawab, Susanne*: Skinheads, S. 45.

[127] Vgl.: Ebenda, S. 61.

kopf, bezieht sich auf das Durchschimmern der Kopfhaut durch die sehr kurzen Haare. In einer Zeit verankert, als es üblich war lange Haare zu tragen, erregte der Kurzhaarschnitt Aufsehen, doch waren die Eltern häufig erfreut über das gepflegte Auftreten ihrer Sprösslinge. Ende der 1960er Jahre mussten die Jugendlichen noch zum Friseur gehen, um sich einen *Crop* schneiden zu lassen, entsprechend der Einstellung der Haarschneidemaschine in der Funktion von fünf bis eins, erhielten sie im Extremfall einen *crop number one*, aber es war damals keinesfalls üblich, eine Nassrasur zu tragen. Darüber hinaus gehörten *Koteletten*, als Relikt der Mods, dazu, welche heute ein erneutes Revival erleben.[128]

Die Skingirls tragen meist einen *Feathercut*, welcher dezenter abgestuft war, als es heute üblich ist. Auch dieser ist eine Anlehnung an die 1960er und den Mod-Stil. Das Haar wird am Ober- und Hinterkopf kürzer geschnitten als die gefransten Haarsträhnen, die den Pony und eine Art Koteletten sowie das Nackenhaar bilden, die „*das Gesicht wie Federn umrahmten.*"[129] Später wurde teilweise auch bei den Mädels ein kompletter Kurzhaarschnitt beliebt und bildete für einige eine Alternative zum Feathercut, welcher jedoch die Weiblichkeit stärker betont, als kurze Haare.[130]

Ein Crop besitzt ohne Zweifel einen militärischen Hauch, doch verweist Farin auf die *Stigmatisierung* von Opfern, KZ-Häftlingen oder Sträflingen als Zeichen von Strafe und Demütigung[131] – wobei der Aspekt der erwähnten *Selbststigmatisierung* wieder zum Vorschein tritt – den kurze Haare mit sich bringen, entgegen langen Haaren, die oft als Symbol der Freiheit, zum Beispiel bei den Ger-

---

[128] Vgl.: *El-Nawab, Susanne*: Skinheads, S. 64.

[129] Ebenda, S. 65.

[130] Ein kleiner Abstecher zum Begriff des *Renee*: Bis heute existiert keine adäquate Erklärung, woher dieser Ausdruck für die weiblichen Skinheads stammt oder was er bedeutet. Im Internet kursiert seit etwa zwei Jahren jedoch folgende Erklärung: Da in der ersten Phase der Skinhead-Szene nur wenige Frauen mit von der Partie waren, gab es zu dieser Zeit keinen eigenen weiblichen Szene-Namen, wenn doch Mädels mitzogen, so wurden diese einfach *female Skinhead* oder *Skingirl* genannt. Noch in dieser ersten Phase entwickelten sich Begriffe wie *Skinbyrd* oder *Sorts*.

Mit dem Revival um 1978 wurde vieles neu erfunden, wie beispielsweise der Name Renee, der im weitesten Sinne als die *Wiedergeborene* gebraucht worden sein soll. Der Name Renée, die französische Form von Renate, ist aus dem lateinischen abgeleitet, und bedeutet die Wiedergeborene, und soll somit die Wiedergeburt der Skinhead-Szene ausdrücken.

Ob diese Erklärung der Wahrheit entspricht ist heute nicht mehr nachzuvollziehen, erscheint auch eher unglaubwürdig und wirkt wie nachträglich hinzugedichtet. Es bleibt jedoch die einzige zur Zeit vorhandene Erklärung. Um so interessanter ist, dass seit dem Auftauchen dieser Herleitung, vermeintlich traditionelle Begriffe wie Skinbyrd verstärkt aufgegriffen und verwendet werden.

Vgl.: *Lauenburg; Frank*: Jugendszenen und Authentizität, S. 137.

[131] Vgl.: *Farin, Klaus*: Urban Rebels. In: Ders. (Hrsg.): Die Skins, S. 23.

manen, galten. El-Nawab interpretiert die kurzen Haare jedoch eher als primär militärisch-martialische Anleihe, die in der *Betonung des Kopfes*, der *Körperlichkeit* und der *Härte, Stärke* und *Männlichkeit* eine Ästhetisierung von Gewalt darstellt.[132]

Im Gesamten erscheint dies jedoch strittig. Vermutlich liegt der Ursprung eher in dem adretten Äußeren, welches eine Kurzhaarfrisur als Pendant zu langen Haaren mit sich bringt – sie ist leichter zu pflegen, sieht, subjektiv betrachtet, ruhiger aus und gibt dem Träger letztendlich ein *konservativeres Erscheinungsbild*. In diese Richtung verweist auch Marshall: „*Die Skinheadfrisur wird immer als Mischung aus Soldaten- und Sträflingsschnitt beschrieben, und kaum ein Skinhead wird dem widersprechen. Was die meisten Kommentatoren jedoch außer acht lassen, ist die Tatsache, daß ein geschorener Kopf, besonders mit einem dünnen rasierten Scheitel auf der linken Seite, unglaublich smart aussieht. Dazu noch ein paar Koteletten – zur damaligen Zeit das größte überhaupt – und man sieht echt umwerfend aus.*"[133]

In den Anfangszeiten der Skinheads wurden beliebige schwere Stiefel, oft waren es die Arbeitsschuhe der Jungendlichen, getragen. Später kamen die *Doc Martens* auf den Markt. Die von dem deutschen Arzt Dr. Maertens entwickelten Gesundheitsschuhe waren so beliebt, weil sie gegen Säure und ähnliches resistent waren und nicht zu vergessen, brachte ihre gepolsterte *Air Wair*-Sohle ein angenehmes Fußgefühl.[134] Diese wurden schnell die klassischen Arbeitsschutzschuhe und symbolisierten somit die Herkunft der Arbeiterklassejugendlichen.[135]

Jeans, vorzugsweise die 501 oder die bügelfreie Sta-Prest mit permanenter Bügelfalte von der Marke Levi's oder auch Produkte der Firmen Lee und Wrangler, sind Standard für weibliche und männliche Skinheads. Sie werden meistens in blau, schwarz oder weiß getragen, in der Regel etwas hochgekrempelt, damit jeder die Stiefel sehen kann. Hierzu werden meist noch *Hosenträger* getragen und wenn sie nicht mehr ihren Zweck erfüllen, so hängen sie wenigstens, völlig zweckentfremdet, herunter – insgesamt stellten sie eines der wichtigsten Accessoires und damit eine Anleihe an den Arbeiterkult dar, doch sind sie heute stark im Rücklauf.[136]

Abgesehen von den klassischen *Fred Perry* Polohemden, sind Marken wie *Lonsdale* und die Hemden von *Ben Sherman* sehr beliebt. Fred Perry war der erste britische Tennisspieler aus der Arbeiterklasse, der das Wimbledonturnier gewann und avancierte somit schnell zum Helden der Skinheads.[137] Die Marke

---

[132] Vgl.: *El-Nawab, Susanne*: Skinheads, S. 66.

[133] *Marshall, George*: Skinhead Nation, S. 75.

[134] Vgl.: *(Roach, Martin)*: Air Wair Limited. [o.O.] 1999.

[135] Vgl.: *El-Nawab, Susanne*: Skinheads, S. 69.

[136] Vgl.: Ebenda, S. 70.

[137] Vgl.: Ebenda, S. 71.

Ben Sherman war schon in den 1960er Jahren die klassische Mod-Marke und gab ihnen einen adretten Eindruck – mit einem solchen Accessoire hätte der Träger genauso gut ein Bankangestellter sein können. Der Modeschöpfer Ben Sherman galt in den 1960er Jahren als King der Londoner *Carnaby Street* und der *swinging sixties*, der damaligen Party- und Musikszene. Für die Jugend-Szene der Mods war er eine Kultfigur.[138] Um die Marke Lonsdale London kursieren viele Mythen, jedoch ist die Interpretation in ihr wäre das Kürzel NSDA, als Kurzform zu NSDAP, zu lesen nicht der Ursprung der Marke. Die Wahrheit ist: Lonsdale war ein Arbeitersportverein und Boxsportclub im Londoner *East-End*, in welchem bevorzugt Skinheads anzutreffen waren, darauf basierend gründete sich diese Marke.[139]

Der Name Lonsdale stammte von *Hugh Lowther*, dem fünften Earl of Lonsdale, welcher der erste Vorsitzende des 1981 ins Leben gerufenen „National Sporting Club" (NSC), der ersten britischen Boxvereinigung, gewesen war. Lord Lonsdale stand bis zu seinem Tod 1944 auch an der Spitze des 1929 als Nachfolgeorganisation des NSC gegründeten „British Board of Boxing Control". Damit war der britische Boxsport untrennbar mit Lord Lonsdale verbunden. 1960 schuf *Bernhard Hart* die Firma „Lonsdale Sports Equipment", welche sich vordergründig als Ausrüster für den Boxsport einen Namen machte. Die Mods konsumierten diese Marke hauptsächlich, weil sie für gute Qualität stand, aber auch sehr kostspielig war und damit einen hohen Status versprach.[140]

Skinheads tragen nicht nur, wie oft behauptet, *Bomberjacken*, sondern traditionell eher schicke Jacken und Mäntel, sowie *Jeansjacken*, vorzugsweise von Levi's und Wrangler. Dabei ist die *Harrington-Jacke*, ein leichter Stoffblouson im Stil der 1950er Jahre und Schottenkaro als Innenfutter, ebenso verbreitet, wie die *Donkey Jackets*, Werftarbeiterjacken mit Plastikbesatz auf den Schultern.[141] Besonders smarte Skinheads tragen Anzüge und dazu einen *Pork Pie* Hut, ein flacher Filzhut, dieser findet sich heute jedoch selten und dann meist nur auf

---

Henning Flad widerspricht dieser gängigen Aussage. Flad behauptet, dass besonders die Marke Fred Perry beim Aufkommen der Skinheads Ende der 1960er Jahre für diese, da sie mehrheitlich Arbeiterjugendliche waren, schlichtweg zu teuer war und so trugen anfangs fast ausschließlich Mods diese Marke und eben nicht Skinheads. Zur Zeit des Skinhead-Revivals Mitte der 1970er Jahre hingegen war die Marke aus der Mode gekommen, folglich billiger und somit nun auch für Skinheads erschwinglich.

Vgl.: *Flad, Henning*: Kleider machen Leute – Rechtsextremismus und Kleidungsstil. In: *Archiv der Jugendkulturen* (Hrsg.): Reaktionäre Rebellen, S. 105.

[138] Vgl.: *Agentur für soziale Perspektiven – asp e.V.* (Hrsg.): Versteckspiel – Lifestyle, Symbole und Codes von neonazistischen und extrem rechten Gruppen. Berlin 2005, S. 20.

[139] Vgl.: Ebenda, S. 22.

[140] Vgl.: *Menhorn, Christian*: Skinheads, S. 31.

[141] Die Harrington trägt hierbei ihren Namen von dem Schauspieler Rodney Harrington aus der TV-Serie Peyton Place, welche sein Markenzeichen war.

Ska-Konzerten. Trotz alldem existiert hier auch die Bomberjacke, jedoch schon lange nicht mehr nur bei Skinheads, als getragenes Accessoire. *„Eine Bomberja-cke wirkt wie ein aufgeplustertes Federkleid von kampfbereiten Hähnen oder gesträubtes Fell bei Raubtieren."*[142] Sie vermittelt Stärke und damit Kampfbe-reitschaft durch ihre bauschige Form – bei den schmaleren Kids deutet sie Mus-keln an, die oft nicht vorhanden sind. Und nicht zu vergessen schützt eine solche Jacke vor Wind und jedweder Witterung.[143]

Symbole und *Embleme* sind in der heterogenen Szene die einzigen realen Erken-nungsmerkmale. Die Klassiker bilden hier Kultfiguren, wie *Alex* des Films „Uhrwerk Orange" (Roman: Anthony Burgess, Film: Stanley Kubrick) oder Skinheaddarstellungen. Für die politische (nicht rechte) Ausrichtung haben sich das *SHARP-* und das *Trojan*-Logo als wichtigste durchgesetzt. Trojan, mit dem Symbol eines antiken trojanischen Helmes, war eines der alten Ska-Labels und wird daher oft mit SHARP kombiniert, da dies die schwarzen Wurzeln der Skinheads ausdrücken soll. Rainer Erb spricht von einer *„griechischen Mytholo-gie"* [144], auf welche sich die SHARP-Skins durch dieses Logo berufen würden. Hier zeigt sich eine starke inhaltliche Unkenntnis. Die Wahl des Symbols grün-det sich eben auf diesem Ska-Label, nicht auf einer irgendwie gearteten griechi-schen Mythologie!

Darüber hinaus gibt es *Aufnäher* wie den Schriftzug Ska, der oft mit einem schwarz-weiß Muster kombiniert wird und am ehesten im *Two Tone* zu veran-kern ist. Der Klassiker schlechthin blieb jedoch der Schriftzug »Skinhead – A way of life«. Diese und ähnliche Darstellungen finden sich als Aufnäher, jedoch noch wichtiger in dieser Richtung sind *Tätowierungen*. Auch Tätowierungen waren früher eher Stigmatisierungen von Häftlingen, Sträflingen, Arbeitern und Seemännern. Heute ist auch dies zu einer reinen Modeerscheinung geworden – doch blieben die Motive zu den Skinheads immerhin noch unterschiedlich. *„Als Relikt der Arbeitertradition ist es* [gemeint sind hier Tätowierungen; F.L.] *ein ‚endgültiges' Bekennen zur Herkunft und – sofern szenetypische Motive oder Schriftzüge verwendet werden – zur ewigen Treue und Erinnerung an die Zuge-hörigkeit zum Skinhead-Kult."*[145]

---

[142] *El-Nawab, Susanne*: Skinheads, S. 73.

[143] Vgl.: Ebenda, S. 71ff.

[144] Vgl.: *Erb, Rainer*: „Er ist kein Mensch, er ist ein Jud'" – Antisemitismus im Rechtsrock. In: *Baacke, Dieter; Farin, Klaus; Lauffer, Jürgen* (Hrsg.): Rock von Rechts II, S. 151.

[145] *El-Nawab, Susanne*: Skinheads, S. 73.

2.2. Die Haltung

„Lust auf Gewalt war von Anfang an ein fester Bestandteil des Skinheadkults. [...] Die Gesetze der Straße machten jeden zum Helden, der den Kampf als erster begann und als letzter beendete."[146] Meist provozierten Skinheadgangs und hatten überall wo sie hinkamen Ärger.

Durch die *Ästhetisierung von Gewalt*, die sich im Äußeren ausdrückt, ist der Träger nicht darauf angewiesen sich zu beweisen – alle halten ihn für gefährlich. Es kann davon ausgegangen werden, dass besonders jüngere Kids sich dieser Beweislast aus diesem Grunde angenommen haben. Andererseits suchen einige auch gerade diese *Gewalt als Gegenkultur*, da Gewalt im allgemeinen gesellschaftlich verpönt ist.

Die wenigsten der Skinheads gehen Gewalt aus dem Weg und vergleichen dies mit Hierarchiekämpfen im Tierreich, aber auch damit, *„daß man eben versucht, die anderen so weit zu beeindrucken mit irgendwelchen Drohgebärden und dem ganzen Klimbim, daß es eben nicht dazu kommt."*[147]

In vielen Interviews oder ähnlichen Situationen bemängeln Skinheads die Tatsache, sich für ihre Art und Weise rechtfertigen zu müssen. Fast jeder beklagt ungerechtfertigt für einen Nazi gehalten zu werden – teilweise auch jene, die sich selbst als solche verstehen. Ein *Sid Vicous* von den *„Sex Pistols"*, der ein Hakenkreuz auf seinem T-Shirt trug, wurde nicht für einen solchen gehalten, ein Skinhead jedoch schon ohne ähnliche Gebärden. Daraus ergab sich für viele eine bewusste Karikierung dieses Zustandes. Viele Skinheads gaben sich somit dem vorgefertigten Bild hin, um noch mehr zu provozieren – nach dem Motto: „Jetzt erst recht!" Ohne wirklich rechts zu sein waren viele durch diese Erfahrungen anti-links. *„Antilinks zu sein wurde zum immer wichtigeren Bestandteil der eigenen, der Gruppenidentität."*[148] Trotz alledem entwickelte sich hieraus nur selten eine gefestigte politische rechte Einstellung. Oft äußern Skinheads auch solche Meinungen: *„Und ein Skinhead will nicht gesellschaftsfähig und nett sein."*[149] Dies symbolisiert das zweischneidige Schwert perfekt. Einerseits werden solche Gebärden bewusst genutzt um *provozieren* zu können, andererseits werden die daraus gezogenen Schlüsse bemängelt – klassisches Patt.

Durch die *Boots* verändert sich nicht nur das Aussehen, sondern auch die Art zu gehen. *„Der Schritt ist schwer, die Stiefel sind es auch, mit Stiefeln geht man einfach anders als mit Turnschuhen oder Sandalen. Es werden große Schritte gemacht, langsam in der Regel, lässig und doch militärisch marschierend."*[150]

---

[146] *Farin, Klaus; Seidel-Pielen, Eberhard*: Skinheads, S. 38.

[147] *El-Nawab, Susanne*: Skinheads, S. 42.

[148] *Farin, Klaus; Seidel-Pielen, Eberhard*: Skinheads, S. 64.

[149] *El-Nawab, Susanne*: Skinheads, S. 54.

[150] Ebenda, S. 62.

Der gesamte Gang wird breiter, die Brust wird rausgestreckt, die Arme leicht angewinkelt, „*so wie es die Affen tun*"[151], dadurch wirkt der Oberkörper mächtiger und gewaltiger. Skinheads stehen oft mit verschränkten Armen, breitbeinig, aufrecht und kampfbereit da. Selbst ihr Sitzen ist breitbeinig – hier die Männervariante, bei der ein abgewinkeltes Bein mit dem Knöchel auf dem anderen Knie liegt und die schweren Stiefel unübersehbar präsentiert werden.[152]

Bei jeder sich bietenden Gelegenheit werfen Skinheads ihre Oberbekleidung ab und stehen mit nacktem, meist tätowiertem Oberkörper, gegebenenfalls noch mit Hosenträgern bekleidet, da. So wird gern auch gepogt. *Pogo* ist ein sehr frei gehaltener Tanzstil, bei dem die Bewegungsabläufe nicht klar definiert sind. Ein Tanzstil, der besonders über Oi! in die Bewegung kam. Oder mit den Worten von Dick Hebdige: „*Der Pogo war in der Tat eine reine Karikatur, die alle Solo-Tänze der Rockmusik ad absurdum führte.*"[153] Je tätowierter und muskulöser, umso größer ist die Bereitschaft, sich mit nacktem Oberkörper darzustellen. Doch anders als in anderen Jugend-Szenen, dürfen sich hier nicht nur die schlanken und gut gebräunten Sunnyboys zeigen – oft präsentieren sich bei den Skins gerade die wohlbeleibten naturweißen und vollgeschwitzten Jungmänner. Der exzessive Bierkonsum bringt den obligatorischen Bierbauch schon mit sich.

Bei Ska-Konzerten wird weniger gerempelt, als getanzt – geskankt. Das *Skanken* ist eine Anlehnung an den Twist. „*Beim Skanken werden Arme und Beine zur drehenden Beckenbewegung rudernd vom Körper wegbewegt, die Hände manchmal zu Fäusten geballt. Dabei bewegt man sich beinahe auf der Stelle. [...] Die Bewegungen sind nicht grazil, sondern wirken eher grobmotorisch.*"[154] Entscheidend für die Skinhead-Szene ist das Gesamtkonstrukt der einzelnen Stilelemente – jedes einzelne könnte noch als normale Mode gelten oder gegebenenfalls auch gar nicht wirken. „*Eine Glatze macht noch keinen Skinhead. Es ist die Art sich zu bewegen, die Haltung, die Mimik und Gestik, die zusammenfließen und das Image ausmachen.*"[155] El-Nawab fasst den gesamten Skinheadstil damit zusammen, dass sich grundsätzlich jeder Mensch in irgendeiner Weise inszeniert, der Skinhead sich jedoch besonders Mühe gibt, ein Image zu verkörpern, welches ihm ein Gefühl von *Macht* gibt.[156] In diesem Zusammenhang lässt sich der oft geäußerte *Stolz* feststellen – Stolz darauf Skinhead zu sein. „*Einige*

---

[151] *El-Nawab, Susanne*: Skinheads, S. 62.

[152] Vgl.: Ebenda.

[153] *Hebdige, Dick*: Subculture. In: *Diederichsen, Diedrich; Hebdige, Dick; Marx, Olaph-Dante* (Hrsg.): Schocker, S. 99.

[154] *Rohmann, Gabriele*: Spaßkultur im Widerspruch, S. 51.

[155] *El-Nawab, Susanne*: Skinheads, S. 75.

[156] Vgl.: Ebenda, S. 76.

mochten uns [Skinheads; F.L.], *einige hassten uns, aber alle beachteten uns. Es war ein unglaubliches Gefühl. Wir hatten Macht.*"[157]
Zusammenfassend lässt sich hier sagen, dass die Skinheads einen Stil nutzen, der von Elementen aus der Arbeiterkultur überquillt – Härte, inszenierte Männlichkeit und Gewalt stehen im Zentrum, das Image (Glatze, schwere Stiefel, Jeans, Hosenträger, Werftarbeiterjacken, der Arbeiterheld Fred Perry, der Boxerladen Lonsdale und Tätowierungen) und die Haltung (aggressives Territorialverhalten, permanente Provokation – verbunden mit Pöbeleien und Herumprollen – körperliches Tanzen, wie beim Pogo, und exzessiver Bierkonsum) entsprechen eher Elementen der Arbeiterklasse oder wenigstens der unteren sozialen Schichten, dies impliziert jedoch nicht unbedingt eine politisch linke Einstellung. Obwohl Skinheads nicht eindeutig der Arbeiterschicht entstammen nutzen sie vordergründig Stilelemente dieser sozialen Schicht – dies lässt sich über die Geschichte, oder besser die Entwicklungsgenese der Skinhead-Szene, erklären. Da diese Ende der 1960er Jahre in Großbritannien entstanden ist, soll hier ein kurzer Blick zurück in diese Zeit folgen, um anschließend den Blick nach Deutschland zu richten.

3.   Skinheads in England

3.1.   Jugendkulturelle Wurzeln

Skinheads verbindet letztendlich relativ wenig. Es existieren keine zentralen (politischen) Ziele oder Utopien – im Grunde ist es selten mehr, als die Glatze, Boots, Tätowierungen, Kleidung, Musik, Bier und Prügeleien, sowie die Angst der anderen, die schnell die Straßenseite wechseln, wenn sie einen Skinhead sehen. Was aber nicht bedeuten soll, dass diese Jugendlichen keine individuellen Ziele hätten. An oberster Stelle stehen hier *Familie* und *Arbeit*, auch daher sind die Einstellungen der Punks des *No Future* eher verbrämt. Doch muss klar sein, dass keine Jugend-Szene einfach vom Himmel fällt.[158]

---

[157] *Schweizer, Daniel*: Skinhead Attitude. [Interview mit dem britischen Skinhead Simon.]

[158] Zwar sind die Wilden Cliquen der 1920/ 30er Jahre keine direkten Vorläufer der Skinheads, aber es finden sich erstaunliche Parallelen in Zusammensetzung und Stil.

Weiterführend zu den Wilden Cliquen u.a.:

Farin, Klaus: Generation-kick.de. [Hier: S. 40ff.]

Lessing, Hellmut; Liebel, Manfred: Wilde Cliquen – Szenen einer anderen Arbeiterjugendbewegung. Bensheim 1981.

Rohmann, Gabriele: Spaßkultur im Widerspruch. [Hier: S. 100ff.]

Das Erbe der *Teds* der 1950er Jahre wurde auf zwei neue Jugend-Szenen verteilt – die *Rocker* und die *Mods* respektive *Modernisten*[159]. Während die Rocker den härteren männlicheren Stil und schwere Motorräder nutzten, so bevorzugten die Mods den original schwarzen *Rhythm & Blues*, dazu flossen neue Modetrends aus Italien – Stoffe aus Mohair und Seide, extrem spitze Schuhe und noch enger geschnittene Jacketts – ein. *„Eigentlich wirkten sie in ihren smarten Anzügen so brav und wohlanständig, wie sich ältere Generationen jener Jahre die britische Jugend nur wünschen konnte. Doch irgend etwas stimmte da einfach nicht, wenn plötzlich Tausende dieser eleganten Teenager an den britischen Nobelstränden auftauchten und wie ein wilder Schwarm Bienen zwischen den flanierenden Pensionisten umherschwirrten.*"[160] Die Mods schienen einen anderen Stil verinnerlicht zu haben, als den, der sonst mit dieser Kleidung verbunden wurde. *„Alles an ihnen, ihre Kleidung, ihre Motorroller, ihr Gehabe, war eine Spur zu protzig, um echt zu sein.*"[161] Trotz ihres äußeren Stils wirkten sie oft nicht adrett – im Gesamten erschienen sie eher widersprüchlich, wälzten sie sich doch gerne mit ihren Mänteln im Dreck. *„So waren sie nie richtig einzuordnen; sie wirkten ‚normal' und unbegreiflich, smart und bedrohlich zugleich. Hinter der freundlichen Fassade grinste die Subversion.*"[162]

Der Habitus der Mods stellte jedoch bald nicht mehr den „ölverschmierten Prolo" in den Vordergrund – Mod sein hieß *teure Klamotten, Ska* und *Northern Soul, chromverspiegelte Vespas, Coolness, Aufputschtabletten, Prahlerei* und *Laufbursche* in einer Bankfiliale zu sein. *„Wichtiger als das reale Sein war der Warenschein.*"[163]

Im Gegensatz zu den Rockern strebten die Modernisten nach oben – waren sie doch selbst meist Arbeiterkinder, die es real jedoch selten zu mehr als einem Verkäufer oder einer untergeordneten Stelle eines Büroboten brachten. In Wahrheit lebten sie, durch die *äußerliche Anbiederung an die Mittelschicht*, eindeutig über ihre Verhältnisse und lange blieb ihre Konsumfreude nicht unentdeckt. Die expandierende Jugendindustrie begann ihre Musik und Mode zu kopieren und sie einer breiteren Öffentlichkeit zugänglich zu machen.[164]

Ein Teil der Mod-Szene schaffte wirklich den Sprung in höhere Schichten – viele kamen an Universitäten oder Kunsthochschulen unter und wechselten dabei nicht selten in studentische Milieus. Andere, die *Hard-Mods*, die den Sprung in

---

[159] Der Stil der Mods wurde 1979 durch den Regisseur Franc Roddam, zusammen mit der Mod-Kult-Band „The Who", in dem Musikfilm „Quadrophenia" ausführlich dargestellt. Vgl.: *Roddam, Franc*: Quadrophenia. Universal Pictures Limited 1999.

[160] *Farin, Klaus*: Urban Rebels. In: Ders. (Hrsg.): Die Skins, S. 15.

[161] Ebenda.

[162] Ebenda.

[163] *Farin, Klaus; Seidel-Pielen, Eberhard*: Skinheads, S.27.

[164] Vgl.: *Farin, Klaus*: Urban Rebels. In: Ders. (Hrsg.): Die Skins, S. 15f.

bessere Kreise nicht schafften, resignierten und kehrten der Anbiederung an die Mittelschicht den Rücken zu. Sie wandten sich, auch aus finanziellen Gründen, denn der Mod-Stil war für viele viel zu aufwendig, gerne wieder ihren *proletarischen Wurzeln* zu. Die Arbeiterschuhe des Dr. Maertens ersetzten italienisches Design, Jeans und Baumwollhemden kamen zurück und schmückten von nun an wieder die Jugendlichen – auch die Frisur wurde zunehmend kürzer.[165]

Die Musikheroen der Mods wurden bald zu Helden der Hippiegeneration und spielten sogar in einigen Opernhäusern auf – doch auf der Suche nach einem neuen unverbrauchten, klareren Sound mussten sich die Hard-Mods nicht lange umsehen. Schwarze Jugendliche, aus ihrer unmittelbaren Nachbarschaft, ignorierten jegliche Musiktrends – sie tanzten zu Rhythmen, die direkt aus den Slums von *Kingston Jamaika* kamen. *„Ska, Reggae und Mods – das war Liebe auf den ersten Blick.“*[166] Außerdem war diese Musik frei von Jugend-Szenen – jedenfalls fast, waren da doch noch die *Rudies. „Die englischen Mods waren die ersten jener Arbeiterklasse- Jugendkultur, die mit den west-indischen Immigranten im ehemals homogenen Arbeitermilieu der lower East aufwuchsen.“*[167]

Neben den Modernisten integrierte die neu entstehende Jugend-Szene der Skinheads eine zweite Bewegung in sich, eben die der *Rude Boys* – so nannte sich der männliche Nachwuchs der westindischen Einwanderer. Christian Menhorn hingegen spricht davon, dass Rude Boy Gangs und damit der Begriff des Rude Boys schon auf Jugendliche in Jamaika zurückgehen würde. Viele Jugendliche Jamaikaner suchten mit dem Rückgang von Arbeitsplätzen im ländlichen Raum ihr Glück in der Hauptstadt Kingston. So siedelten sich jährlich einige zehntausend Jamaikaner, meist Jugendliche zwischen 15 und 20 Jahren, neu in Kingston an. Da sich ihre Erwartungen real nicht wirklich erfüllen konnten, entwickelten sie zunehmend deviante Verhaltensweisen, sodass die Kriminalitätsrate immer stärker anstieg. Und hieraus, hauptsächlich im Drogen- und Hehlermilieu, sollen sich die ersten Rude Boy Gangs Jamaikas gegründet haben.[168]

Zwar bedeuteten auch die Rudies eine Konkurrenz auf dem Arbeits- und Beziehungsmarkt für die Skinheads, doch gab es viele unübersehbare Gemeinsamkeiten. Die Rudies wohnten in den selben Vierteln, entstammten ebenfalls der Arbeiterschicht und lehnten die Mittelschicht sowie sämtliche staatliche Institutionen ab und sie waren ähnlich in Gangs organisiert. Die Rude Boys trugen meist

---

[165] Vgl.: *Farin, Klaus*: Urban Rebels. In: Ders. (Hrsg.): Die Skins, S. 16f.

[166] *Farin, Klaus; Seidel-Pielen, Eberhard*: Skinheads, S. 29.

[167] *Lindemann, Frank*: Skin-Musik. In: *Backe, Dieter* [u.a.] (Hrsg.): Rock von Rechts, S. 126.

[168] Vgl.: *Menhorn, Christian*: Skinheads, S. 16.

Eine detaillierte Beschreibung des Stils der Rude Boys findet sich u.a. bei Dick Hebdige:

Vgl.: *Hebdige, Dick*: Subculture. In: *Diederichsen, Diedrich; Hebdige, Dick; Marx, Olaph-Dante* (Hrsg.): Schocker, S. 31ff.

kurzes Haar, darüber pork pie hats (niedrige Filzhüte), schwarze Sonnenbrillen, lange Mäntel, Hosenträger, Jeans, smarte Anzüge und flache Schuhe.[169] Dick Hebdige beschreibt sehr anschaulich die Ursprünge des Mod-Stils, welche er teilweise auf den Stil der *Hustlers*, wie die Rude Boys zuvor gehießen haben sollen, zurückführt. Entscheidend war hiernach das Vorbild des *„italienischen Mafioso-Typ, so oft dargestellt in Krimis".*[170] Mit der Verabschiedung der Glücksspiel-Gesetze 1963, der Mod-Stil hatte seinen Höhepunkt um 1964 (!), konnten *„Englands unternehmungslustige Kriminelle reichen Lohn und einen bislang unerreichbaren Status"*[171] erlangen. Soho wurde somit *„der perfekte Nährboden, auf dem fiktive Thriller-Phantasien und unterirdische Intrigen blühen konnten; und dies war der Stoff, von dem der Mod lebte und in dem seine Kultur wurzelte."*[172] Der jugendliche Mod schien daher wohl zu oft die Gangster-Filme der 1950er und 1960er Jahre gesehen zu haben und so besangen auch Mod- und Skinhead-Heroen, wie unter anderem der Musiker *Prince Buster* den Mafia-Anführer *Al Capone* in seinem gleichnamigen Lied „Al Capone" (1964), aber auch noch heute folgen Hymnen über diesen. *„Rudies waren ‚hart und smart' zugleich, und wenn sie in diesem breiten, ausholenden, besitzergreifenden Gang durch die Straßen des Viertels wippten, sah man ihnen schon von weitem an, daß sie jederzeit bereit waren, ‚ihren Mann zu stehen'."*[173]
Der Schlüssel für diese dennoch unerwartete Freundschaft zwischen den weißen Hard-Mods und den schwarzen Rude Boys war die Musik des *Ska*. Ska war eine fröhliche Tanzmusik, anders als der damals gängige Rock der Hippiegeneration. Weder der Mainstream noch andere Jugend-Szenen mochten diese Musik, da er als primitiv und unprofessionell galt. *„Daß ausgerechnet der Reggae die Skins in Bewegung versetzte, hatte viel damit zu tun, daß er gerade als einziger ‚frei' war."*[174] Die anderen Musikstile waren von anderen „konkurrierenden" Jugendgruppen vereinnahmt gewesen. Die Begriffe Ska und Reggae gehen hierbei fließend ineinander über. Grundsätzlich ist der Ska die ältere Version der beiden. Reggae kann als Nachfolger angesehen werden, der etwas langsamer wurde und meist veränderten sich die Texte hierbei in Richtung Religion und eine stärkere Konzentration auf seine schwarzen Wurzeln. Ganz so einfach wie in der Theorie ist die Unterscheidung jedoch nicht. Der „Godfather of Ska" Laurel Aitken releaste seine Platte „The Pioneer of Jamaican Music" 1999. Hier finden sich, im

---

[169] Vgl.: *Farin, Klaus*: Urban Rebels. In: Ders. (Hrsg.): Die Skins, S. 25.

Vgl.: *Hebdige, Dick*: Mod-Phänomen. In: *Berger, Hartwig* [u.a.] (Hrsg.): Jugendkultur als Widerstand, S. 160ff.

[170] Ebenda, S. 160.

[171] Ebenda, S. 161.

[172] Ebenda, S. 162.

[173] *Farin, Klaus*: Urban Rebels. In: Ders. (Hrsg.): Die Skins, S. 25.

[174] *Farin, Klaus; Seidel-Pielen, Eberhard*: Krieg in den Städten, S. 71.

Stil des Mento, R'n'B und Calypso Lieder von 1957 bis 1966, wie zum Beispiel „Ghana Independence (They got it)", „Nebuchadnezzar" oder „Tribut to Collie Smith". Aitken fand erst später von diesem Stil, der textlich eher an Reggae erinnert, zum Ska. Daher wird bei vielen Musikern keine weitere Differenzierung zwischen Ska und Reggae vorgenommen, so zum Beispiel beim „Skinhead-Reggae" von Trojan oder bei den Moonstompers mit ihrer „Ska & Reggae Collection" von 2002.[175]

Ska war auch daher so unverbraucht, da er noch relativ jung war – die Geburtsstunde des Ska liegt erst etwa bei 1960, und gleich der erste Ska-Hit stammte von einem Einwanderer, dem Kubaner *Laurel Aitken*, sein „Little Sheila" gilt als die erste Ska-Single überhaupt.[176]

Noch bis Mitte der 1950er Jahre wurde auf Jamaika vor allem *Bebop-Jazz* und *Mento*, eine Art Ableger des *Calypso*, gehört. Doch mit der massenhaften Verbreitung von Transistorradios schallte ein neuer Sound auf die Insel herüber – die Absender waren die US Radiostationen in Miami und New Orleans. Die staatlichen jamaikanischen Radiosender boykottierten den *Rhythm & Blues* und einen Plattenhandel gab es so gut wie nirgendwo auf Jamaika. Aus dieser Not wurde eine Idee geboren: Besitzer von Elektroläden kauften einen LKW, installierten einen riesigen Lautsprecher, Plattenspieler, Verstärker und Mikrofon auf der Laderampe und ließen ihre Mitarbeiter so durch die Lande touren.

Doch um 1960 versiegte die Quelle aus den USA. Die *Soundsystem-Men* reagierten schnell – richteten in ihren Kellern oder Hinterhöfen Studios ein und nahmen mit jungen, unbekannten Straßenmusikern eigene Singles auf. Diese eigenproduzierten Platten waren zwar von suboptimaler Qualität, aber tanzbar und das reichte. Kurz danach erreichte die Single „My Boy Lollipop", produziert von Chris Blackwell, ein Weißer, Sohn eines jamaikanischen Plantagenbesitzers, mit der unbekannten Sängerin *Millie Small* Platz 1 der britischen Charts. Weitere Musiker wollten nachziehen, aber *„das breite Publikum ignorierte den Sound aus Jamaika, er galt als ‚dreckig', ‚primitiv' und ‚unprofessionell'."*[177] Selbst der Großteil der westindischen Einwanderer zeigte kein Interesse – ausgenommen die Rude Boys und die musikalisch entwurzelten Hard-Mods, die ebenfalls zugriffen.[178]

„Die Platten gab es nicht an jeder Ecke, man mußte sich wirklich um sie bemühen, das bedeutete Freundschaften mit Einwanderern knüpfen, stundenlanges

---

[175] Vgl.: *Aitken, Laurel*: The pioneer of jamaican music. Sunbeam music 1999.

The Moonstompers: Ska & Reggae Collection. Hallmark 2002.

Trojan Production (Sampler): Skinhead Reggae – Box Set. Sanctuary Records 2002.

[176] Vgl.: *Farin, Klaus; Seidel-Pielen, Eberhard*: Skinheads, S. 29.

[177] Ebenda, S. 31.

[178] Weiterführend: *Bratfisch, Rainer*: Das große Reggae-Lexikon – Rastas, Riddims, Roots & Reggae: Vom Ska bis zum Dancehall – Die Musik, die aus Jamaika kam. Berlin 2003.

Warten am Hafen auf von den westindischen Inseln einlaufende Schiffe."[179] Und nur wenige Tanzclubs hatten Ska in ihrem Repertoire – die Clubs der Rude Boys. Doch die weißen Hard-Mods wurden schnell aufmerksam auf diese Clubs. *„Plötzlich kamen auch weiße Jungs zu den Auftritten"*,[180] so erinnerte sich Derrick Morgan, der Anfang der 1960er Jahre mehrere Top Ten Hits in den jamaikanischen Charts hatte und seitdem auch regelmäßig durch Großbritannien tourte. Zu diesem Verhältnis erklärte er weiter: *„Bisher hatten wir nur schlechte Erfahrungen mit Weißen gemacht. Die Teddy-Boys mochten uns und unsere Musik nicht. Es gab Angriffe auf die Clubs, in denen wir spielten. Dann kamen die Skins, und das waren wirklich nette Jungs. Sie liebten unsere Musik und imitierten begeistert unsere Bewegungen, unsere Tänze. Sie machten uns auch in England wirklich populär.*"[181] Zahlreiche Ska-Musiker begannen ihren neuen Fans Lieder zu widmen wie *Desmond Riley* „Skinhead A Message To You", „*Hot Rod All Stars*" „Skinheads Don't Fear" und „Skinhead Speaks His Mind", *Joe The Boss* „Skinhead Revold", *Laurel Aitken* „Skinhead Train" und „Skinhead", *„The Mohawks*" „Skinhead Shuffle", „*Claudette & The Corporation*" „Skinheads A Bash Them" oder die „*Symarip*" und *Derrick Morgan* „Skinhead Moonstomp".[182]

„Die Skins machten den Ska groß – und umgekehrt."[183] Die Musik riss mit ihrem zunehmenden Bekanntheitsgrad immer mehr Jugendliche in ihren Bann, *„und da Ska schon bald als ‚Skinheadmusik' galt, wurden sie eben auch Skinheads.*"[184] Dies bezieht sich nicht nur auf die neuen Ska-Fans, sondern auch auf viele der Rudies, die sich bald selbst als Skinheads bezeichneten. *„Im allgemeinen teilte die erste Generation westindischer Einwanderer zu viele gemeinsame kulturelle Einstellungen mit ihren weißen Nachbarn aus der Arbeiterschaft, als daß sich ein offener Antagonismus hätte entwickeln können.*"[185]

Viele Autoren, wie beispielsweise Klaus Farin, George Marshall oder Christian Menhorn sprechen davon, dass neben den (Hard-) Mods und den Rude Boys auch noch eine dritte Jugend-Szene, die der *Boot Boys*, einen größeren Einfluss, oder anderes ausgedrückt, die dritte Wurzel für die Skinheads darstellte. Hier wird dieser Argumentation nicht gefolgt. Richtig mag wohl sein, dass das Gros der zukünftigen Skinheads begeisterte (gewaltbereite) Fußballfans waren, jedoch kann hier nicht von einer eigenen Jugend-Szene die Rede sein. Der Lebensstil

---

[179] *Farin, Klaus*: Urban Rebels. In: Ders. (Hrsg.): Die Skins, S. 26.

[180] Ebenda, S. 27.

[181] Ebenda.

[182] Zum Teil enthalten auf: *Trojan Production* (Sampler): Skinhead Reggae.

[183] *Farin, Klaus*: Urban Rebels. In: Ders. (Hrsg.): Die Skins, S. 28.

[184] Ebenda.

[185] *Hebdige, Dick*: Subculture. In: *Diederichsen, Diedrich; Hebdige, Dick; Marx, Olaph-Dante* (Hrsg.): Schocker, S. 41.

der (Hard-) Mods und Rude Boys war ein ganzheitlicher und drückte sich alltäglich aus – Boot Boys hingegen gingen am Wochenende zum Fußball und waren im Alltag Teil einer anderen Szene – diese somit als gleichberechtigt nebeneinander zu stellen erscheint fragwürdig.

3.2. *Soziale und gesellschaftliche Rahmenbedingungen*

„Die Zwillingskonzepte Zusammentreffen (von Umständen) und Spezifität sind daher für eine Untersuchung von Subkulturstil unerläßlich: jede Subkultur, gesehen als Repräsentant eines deutlichen Zeitabschnitts, als eine bestimmte Antwort auf bestimmte Gegebenheiten."[186], schrieb Dick Hebdige 1983. Mit anderen Worten: Die sozialen und gesellschaftlichen Rahmenbedingungen einer Zeit sind prägend für die Entstehung eines authentischen Jugend-Szene-Stils[187] und genau diese Rahmenbedingungen veränderten sich unter anderem nach dem Zweiten Weltkrieg rasant – die Folgen waren jedoch nicht ausschließlich positiv. Neben dem *Ausbau des Sozialstaates* sollten sich auch die *„sozialen Voraussetzungen des Bildungssystems"*[188] verändern. *Stipendienprogramme*, die ergänzt wurden durch eine breit angelegte *Erwachsenenbildung*, sollten es auch der traditionellen Arbeiterschicht ermöglichen an der höheren Bildung zu partizipieren. Viele der späteren Gründerväter des CCCS kamen auch gerade aus solchen Schichten und dem Umfeld der Erwachsenenbildung. Daher drückten diese in der Regel auch ihre Erfahrungen innerhalb ihrer Studien selbst aus.[189]
John Clarke, Stuart Hall, Tony Jefferson und *Brian Roberts* arbeiteten drei grundlegende Elemente heraus, welche entscheidend für den Wandel der sozialen und gesellschaftlichen Rahmenbedingungen waren: *Wohlstand, Konsensus* und *Verbürgerlichung*. Wohlstand meint hiernach den Boom der Konsumaufwendungen in der Arbeiterklasse. Konsensus meint, dass beide politische Parteien und die Mehrheit der Wähler die Maßnahmen zur Einkommenssteigerung, dem Wohlfahrtsstaat, dem Ausbau des sozialen Netzes usw. akzeptierten, die nach 1945 eingeführt wurden, um die Menschen aller Klassen aufgrund ihres gemeinsamen Interesses am System zusammenzuführen. Damit verband sich die Vorstellung, dass jeglicher Konflikt zwischen den Klassen beendet sei. Die Verbürgerlichung meint die mit weiteren gesellschaftlichen Trends (Ausbau des Bildungswesens, Wohnungsbau, berufliche Förderung, Entwicklung neuer Städ-

---

[186] *Hebdige, Dick*: Subculture. In: *Diederichsen, Diedrich; Hebdige, Dick; Marx, Olaph-Dante* (Hrsg.): Schocker, S. 76ff.

[187] Zur Entstehung einer authentischen Jugend-Szene vgl. weiterführend: *Lauenburg, Frank*: Jugendszenen und Authentizität.

[188] *Lutter, Christina; Reisenleitner, Markus*: Cultural Sudies, S. 20

[189] Vgl.: Ebenda.

te und Wohnsiedlungen usw.) verbundene Vorstellung, dass das Leben und die Kultur der Arbeiterklasse keine eigenständige Formation in der Gesellschaft mehr bilde, sondern dass jeder sich rasch an den Werten der Mittelklasse orientieren würde. Es war die Vorstellung, dass Wohlstand und Konsensus schnell die Verbürgerlichung erreichen würde. Hieraus bildeten sich (in der Theorie) der *wohlhabende Arbeiter* oder der *Typ des bürgerlichen Arbeiters*. Aber gerade diese Vorstellungen scheiterten und fanden ihre Reaktion in den Jugend-Szenen der Arbeiterklasse.[190]

Ähnlich der Bundesrepublik Deutschland, erlebte auch Großbritannien in den 1950er Jahren sein *Wirtschaftswunder*. „*Das Wort von der ‚Wohlstandsgesellschaft' ging um, verhieß höhere Einkommen und vielfache Konsummöglichkeiten bei gleichzeitigem Ausbau des ‚Netzes sozialer Sicherheit' für alle.*"[191] Während ihre Eltern noch harte körperliche Arbeit in Bergwerken, Fabriken oder Hafenanlagen verrichten mussten, so gingen viele ihrer Kinder jetzt mit Schlips und Kragen zur Arbeit ins Büro oder Einkaufscenter oder überwachten gegebenenfalls noch hochspezialisierte Maschinen, die den körperlichen Teil der Arbeit ersetzten. Die Klassenunterschiede schienen sich zunehmend einzuebnen und den Arbeiterkindern ergab sich die Möglichkeit, weiterführende Schulen zu besuchen.[192] „*Aus Proletariern wurden Kleinbürger.*"[193] Finanziell erreichten sie noch lange nicht schwindelerregende Höhen, aber sie waren jetzt Teil des Kleinbürgertums und damit auf der Vorstufe zur Mittelschicht. „*Kein noch zu gestrenges Fabrikregiment diszipliniert so nachhaltig wie die monatlichen Ratenzahlungen.*"[194] So salopp urteilten Farin und Seidel-Pielen.

Sichtbarer Ausdruck des Wandels waren die seit den 1950er Jahren aufschießenden *Satellitenstädte*, die die aus den heruntergekommenen Arbeitervierteln Fliehenden aufnahmen. Doch bald zeigten sich die Probleme, die mit den wenig geplanten, sowie billig und schnell hochgezogenen Trabantenstädten, einhergingen. Die *Kriminalität* stieg, das *Rowdytum* der Jugendlichen, deren Freizeitbedürfnisse vergessen wurde, häufte sich und die wild zusammengewürfelte Nachbarschaft von *aufstiegswilligen Kleinfamilien* steigerte eher *Aggressivität* als Wohlbehagen.[195]

---

[190] Vgl.: *Clarke, John* [u.a.]: Subkulturen, Kulturen und Klasse. In: *Berger, Hartwig* [u.a.]: Jugendkultur als Widerstand, S. 56ff.

Clarke, John; Jefferson, Tony: Jugendliche Subkulturen. In: Ästhetik und Kommunikation, Heft 24, S. 48ff.

[191] *Farin, Klaus*: Urban Rebels. In: Ders. (Hrsg.): Die Skins, S. 12.

[192] Vgl.: Ebenda.

[193] Ebenda.

[194] *Farin, Klaus; Seidel-Pielen, Eberhard*: Skinheads, S. 24.

[195] Vgl.: *Farin, Klaus*: Urban Rebels. In: Ders. (Hrsg.): Die Skins, S. 12.

Auch die zweite Sanierungsphase Anfang der 1960er Jahre brachte nicht nur Vorteile mit sich. Die alten Stadtviertel sollten modernisiert werden – hierzu wurden ganze Häuserzeilen abgerissen, neue Wohnblöcke zwischen die alten gesetzt und Gassen zu Autoschneisen verbreitert. Viele Familien wechselten gerne in die neuen Komfortwohnungen, hatten sie zuvor nicht einmal fließend warmes Wasser gehabt. Doch zerriss die Sanierung der alten Viertel die *traditionellen Nachbarschaftsstrukturen*. Darüber hinaus waren die neuen Wohnungen nicht auf die *kinderreiche Mehrgenerationengroßfamilie* der Arbeiter, sondern auf die *bürgerliche Kernfamilie* zugeschnitten – für Alte gab es vermehrte Unterbringungsmöglichkeiten in Heimen und Jungverheiratete wurden mit günstigen Kredit- und Ratenzahlungsangeboten zum Anmieten eigener Wohnungen motiviert – die traditionelle Arbeiterfamilie verschwand genauso wie deren Nachbarschaftsgefüge.[196]

Die breitspurigen Schneisen brachten ihre Bewohner zwar schneller zu den neuen Zentren, die die alten Bezirkskinos und –sportstätten ersetzt hatten, doch zerstörten diese auch die engen Straßen und Plätze mit ihren zahlreichen Nischen und Treffpunkten. *„Trinkhallen und Tante-Emma-Läden wichen Supermärkten, Imbissbuden und Eckkneipen verwandelten sich in gehobene Speisegaststätten. Die Sozial- und Freizeitstruktur der Arbeiterviertel verarmte."*[197] Und da ihre Arbeitsplätze nicht mehr wie früher in direkter Nachbarschaft lagen, wurden sie gezwungenermaßen mobiler – somit löste sich die traditionelle Einheit von *Wohnen*, *Arbeit* und *Freizeit* auf. Daneben besetzten neue Nachbarn, meist Einwanderer aus den ehemaligen britischen Kolonien, die nun leerstehenden Billigwohnungen und schufen sich ihre eigene Infrastruktur aus kleinen *Läden*, *Pubs* und *Vereinen*.[198]

Wenig später drangen dazu noch *finanzkräftige Mittelschichtfamilien*, *Künstler* und *Intellektuelle*, welche das *nostalgische Flair* der Arbeiterviertel suchten, in die neuen renovierten Wohnblöcke. Auch sie begannen ihre eigenen *Boutiquen*, *Kunstgewerbehandlungen*, *Bars* und andere Treffpunkte zu eröffnen. *„Städteplaner, Architekten und langhaarige Studenten waren nicht unbedingt die Kumpel, mit denen sie* [gemeint sind die Jugendlichen der Arbeiterschicht; F.L.] *am Wochenende im Schulterschluß ins Stadion ziehen oder nach Feierabend ein paar Bierchen im Pub an der Ecke trinken wollten."*[199] Die Arbeitersöhne fühlten sich *fremd in ihren eigenen Vierteln* und gegenüber ihren *neuen Nachbarn*

---

[196] Vgl.: *Clarke, John* [u.a.]: Subkulturen. In: *Berger, Hartwig* [u.a.]: Jugendkultur als Widerstand, S. 69ff.

[197] *Farin, Klaus*: Urban Rebels. In: Ders. (Hrsg.): Die Skins, S. 13.

[198] Vgl.: *Clarke, John* [u.a.]: Subkulturen. In: *Berger, Hartwig* [u.a.]: Jugendkultur als Widerstand, S. 69ff.

[199] *Farin, Klaus*: Urban Rebels. In: Ders. (Hrsg.): Die Skins, S. 13.

als *Menschen zweiter Klasse*. Dazu wurde der Kampf um die verbleibenden Billigwohnungen in den ärmeren Bevölkerungsschichten härter.[200]
Die vormals vorhandene *weiße Homogenität* löste sich zusehends auf. Dazu kam die Tatsache, dass die Arbeiter täglich mit den erfolgreichen Aufsteigern konfrontiert wurden – diese *Fremdausgrenzung* stärkte jedoch ihr *Zusammengehörigkeitsgefühl* erheblich. *„Demonstrativ unterstrichen die Skinheads ihren Stolz, Söhne und Töchter der britischen Arbeiterklasse zu sein, setzten der Angestelltengesellschaft ihren stilisierten Proletenkult entgegen und kramten aus der Mottenkiste ihre subproletarischen Ahnen hervor, was den eigenen Eltern längst peinlich geworden war.*“[201]
Während John Clarke und Tony Jefferson die Mods noch als *„Kinder des Wohlstandes, wenn auch nicht sein Produkt“*[202] bezeichneten, so ging Klaus Farin noch einen Schritt weiter, wenn es bei ihm heißt: *„Die Mods waren die letzten unbekümmerten ,Kinder des Wohlstandes', die sich mit ungebrochenem Optimismus auf den Weg nach oben begeben hatten.“*[203] Doch bald zerstörte die zunehmende Welle der *Arbeitslosigkeit* jegliche Träume. *„Wer geglaubt hatte, durch den Tausch von Blaumann gegen Schlips und Kragen den Bessergestellten auf der Rangleiter der sozialen Hierarchie eine Stufe näher gekommen zu sein, mußte jetzt erkennen, daß die über ihm auch nach oben gerückt waren, während immer mehr Sprossen der Leiter unten im Sumpf der strukturellen Depression versanken.“*[204] Real hatte nur ein sehr geringer Teil der Arbeiterfamilien das Jahrzent der wirtschaftlichen Hochkonjunktur zur Verbesserung seiner materiellen Lebensbedingungen nutzten können, der Rest steckte jedoch weiterhin in Sackgassenjobs fest – die neu entstehende Jugend-Szene der Skinheads gehörte zur letzten Gruppe.
Doch viele dieser Jugendlichen sahen nicht hierin das vordergründige Problem – sie verachteten ihre ehemaligen Mitschüler, die auf weiterführende Schulen gingen, um einen Bürojob zu erhalten. *„Arbeit bedeutete für Skins den vollen Einsatz der Körperkräfte, Arbeit war hart und unangenehm.“*[205] Arbeit war für sie eine Notwenigkeit, kein Grundbedürfnis.
Mit ihrer gesamten Einstellung waren Skinheads eher konservativ, beinahe rückwärtsgewandt. *„Skinheads wollten nicht wie die Aussteigerkinder der Mittelschichten in neue Welten aufbrechen, sondern alte Sicherheiten und Werte*

---

[200] Vgl.: *Farin, Klaus; Seidel-Pielen, Eberhard*: Skinheads, S. 25.

[201] Ebenda S. 26.

[202] *Clarke, John; Jefferson, Tony*: Jugendliche Subkulturen. In: Ästhetik und Kommunikation, Heft 24, S. 57.

[203] *Farin, Klaus*: Urban Rebels. In: Ders. (Hrsg.): Die Skins, S. 17.

[204] Ebenda, S. 18.

[205] Ebenda.

zurückhaben."[206] Ihre Rebellion richtete sich vermehrt gegen die Zukunft und Tendenzen der Moderne, während ihre Utopien in der Vergangenheit lagen. Dazu kam ihr Blick zurück zu den vermeintlich *glorreichen Tage der Arbeiterklasse* einer Kapitulation gleich – doch dies sollte nicht bedingungslos geschehen. Ein Skinhead kehrte die gesellschaftliche Ausgrenzung um, in dem er sich zu dem Makel seiner Herkunft bekannte.[207] Real war Working Class daher nicht mehr, als die *Heroisierung körperlicher Arbeit* und die *Pflege traditioneller Männlichkeitsrituale*. Nur eine Minderheit betätigte sich politisch oder trat gewerkschaftlich für ihre Rechte ein.

Die Bewegung der Skinheads war im Ursprung nicht rassistisch. Viele vertraten die Ansicht, dass sie mit einem Schwarzen aus der Arbeiterklasse mehr gemeinsam hatten, als mit einem Weißen aus der Mittelschicht. Ganz anders verhielt es sich bei asiatischen Einwanderern – doch lagen die Gründe hier nicht in rassistischen Ideologien – repräsentierten die asiatischen Einwanderer doch so ziemlich alles, was Skinheads verachteten. *„Ihr auf die Kleinfamilie konzentrierter, erfolgsorientierter Lebensstil ähnelte zu sehr dem der weißen Mittelschichten, ihr wenig aggressives Verhalten wurde als ‚weibisch' oder ‚schwul' eingestuft, ihre mangelnden Kenntnisse der englischen Sprache als ‚arrogant'.*"[208] Als sie begannen, ihre eigenen Läden in den Vierteln der Skinheads zu errichten, erschienen die *Revierkämpfe* unvermeidlich. Somit wurde das Pakibashing bald gängiges „Hobby", auch bei Skinheads, die sich selbst als nichtrassistisch verstanden.[209] Leider waren Skinheads damals, und sind es teilweise noch heute, nicht in der Lage, ihre vermeintlichen Konflikte anders zu lösen.

3.3. Die Geschichte der Skinheads

»The Spirit of `69« – »Der Geist von `69«

„Der Skinheadkult ist eine im besten Sinne des Wortes multikulturelle Synthese."[210] Der neue Kult orientierte sich sehr stark an den jamaikanischen Rude Boy Gangs, die nicht nur die richtige Musik hörten, sondern auch den Ruf hatten, besonders *cool* und *hart* zu sein. Die Rudies trugen extrem kurzes Haar und häufig Levis Jeans, die hochgekrempelt wurden – das alles war nach dem Ge-

---

[206] *Farin, Klaus*: Urban Rebels. In: Ders. (Hrsg.): Die Skins, S. 24.

[207] Farin sieht dies anders. In „Urban Rebels" (S. 24) versteht er die Rückwärtsgewandtheit als bedingungslose Kapitulation vor der Gegenwart. Aber mit ihrer Flucht in die Nostalgie ersparten sie sich nach ihm die Auseinandersetzung mit den Ursachen ihrer zunehmenden gesellschaftlichen Ausgrenzung.

[208] Ebenda, S. 25.

[209] Vgl.: Ebenda.

[210] *Farin, Klaus; Seidel-Pielen, Eberhard*: Skinheads, S. 32

schmack der weißen Arbeiterjugendlichen. Sie kombinierten diese Elemente mit denen der Hard-Mods und fertig war der Skinhead. Aber erst ab *1969* war der Begriff in aller Munde, was zunächst noch ein vager Kult war, hatte in den verschiedenen Regionen unterschiedliche Namen – *Noheads, Cropheads, Boiled Eggs, Spy Kids, Peanuts* oder *Baldheads*, um nur einige zu nennen. Aber der *Kult von `69*, der *Spirit of `69*, war geboren. *„Die Skins kamen aus der Arbeiterklasse, und sie standen dazu, mehr noch: sie leiteten daraus eine Art elitären Anspruch ab.* […] *Später, nach dem Niedergang des Punk, war es oft die Mode oder die politische Einstellung, die Jugendliche zum Skinhead werden ließ. 1969 dagegen sorgte ein inneres Gefühl der Zusammengehörigkeit zu einer Schicht der britischen Gesellschaft* […] *für den Zulauf zur Skinhead-Bewegung: Auf diesem weniger an Äußerlichkeiten denn an subjektiven Befindlichkeiten hängenden Gefühl basierte der vielzitierte ‚Spirit of `69'.*"[211] Wobei die Wahrnehmung eines Zusammengehörigkeitsgefühls auf der Basis eines *Klassenbewusstseins* nur bedingt zutreffen kann, da nicht vergessen werden sollte, dass unter den beliebtesten Opfern der Skinheads, andere rivalisierende Skinheadgruppen waren – daher kann es mit einem gelebten Zusammengehörigkeitsgefühl, aufgrund der gleichen erlittenen Erfahrungen durch ein Klassenbewusstsein, nicht sehr weit her gewesen sein; vermutlich sollte an dieser Stelle weniger soziologische Theorie bemüht werden, als mehr ein einfacher Blick auf reale Begebenheiten – diese Jugendlichen war Teil einer unteren sozialen Schicht, die diese Diffamierung ins Positive verkehrten, hieraus einen Stolz entwickelten und sich einem Gruppengefühl hingaben. Somit ist ein Klassenbewusstsein zwar vorhanden, aber es hat nur geringe Strahlungswirkung – aus dieser Klassenorientierung wurde keine aktiv gelebte Arbeit für diese Klasse.

Christian Menhorn spricht davon, dass das erste größere öffentliche Auftreten der Skinheads im Oktober 1968 stattgefunden haben soll. Hier demonstrierten etwa 30.000 Studenten in London gegen den Vietnamkrieg. Diese Demonstration soll von *„etwa 200 Bootboys mit rasierten Köpfen und schweren Stiefeln"*[212] gestört worden sein, als diese die Studenten mit „Enoch, Enoch"-Rufen durch die Straßen jagten. Menhorn verweist darauf, dass *Enoch Powell* für ein härteres Vorgehen gegen linke Studenten und Hippies gewesen war – das mag unter Umständen stimmen, bekannter wurde Powell jedoch mit seiner *„Rivers of Blood"*-Rede, in der er rassistische Ausschreitungen vorhersagte, wenn nicht sogar forderte, wenn der britische Staat weiterhin einen Zuzug von Ausländern zulassen würde. So wird dieser Vorfall von „Enoch, Enoch"-Rufen immer wieder als Beleg für die rassistische Grundstimmung der Skinheads herangezogen, berücksichtigt man jedoch die teilweise vorhandene Akzeptanz solcher Forderungen außerhalb der Jugend-Szenen, so lässt sich daraus eine Grundsympathie innerhalb der britischen Bevölkerung mit solch einer Stimmungsmache erkennen.

---

[211] *Menhorn, Christian*: Skinheads, S. 23.

[212] Ebenda, S. 20.

Die Gewaltlust der Skinheads erreichte schnell den Alltag der Jugendlichen, so dass Revierkämpfe bald keine Seltenheit mehr waren. Viele der Jugendlichen sahen gerade hierin den Reiz – die *Gewalt der Straße* besaß starke heroisierende Tendenzen. Gegner dieser Attacke konnte jeder werden – andere Gangs ebenso wie jeder, der zufällig „ihr Revier" betrat. In Universitätsstädten waren Studenten gern gesehene Opfer, sonst reichte jeder, der irgendwie als schwul identifiziert werden konnte, aber Hippies blieben die beliebtesten Gegner. Die Gründe waren für die Skinheads einfach – hauptsächlich ging es um die *Verteidigung ihrer Werte* und jeder der nicht in dieses Bild passte, sollte für Randale herhalten.[213] Farin beschreibt ihr Verhalten wie folgt: *„Der Skinhead-Way-of-life war im Kern ein verzweifelter Versuch, die guten alten und vor allem einfachen Zeiten der Working class, die nur noch in den Erzählungen der Eltern und Großeltern existierten, real aber längst zu einem Mythos zerronnen waren, zumindest symbolisch zurückzuholen."*[214]

Während die Mehrheit der Arbeitereltern längst danach strebte, die als Stigmatisierung empfundenen Zeichen ihrer sozialen Herkunft abzulegen, trugen Skinheads diese Symbole mit Stolz – auch in ihrer Freizeit. Hierzu zählten die Doc-Martens, die als Arbeitskleidung anerkannt und daher erheblich billiger zu erwerben waren, als anderes Schuhwerk. *„Skinhead war, wer sich keine teuren Klamotten kaufen konnte und das auch zeigen wollte."*[215] Kurzgeschorene Haare signalisierten ebenfalls wie die beliebten Tätowierungen das *proletarische Außenseitertum*. *„Der Skinheadstil, bei all seiner scheinbaren Plumpheit, ist eine bewußt eingenommene Pose, die Inszenierung eines Opfers, das trotz aller Widrigkeiten stolz und männlich-wehrhaft den nächsten Angriff erwartet."*[216]

Zu jeder Skinheadgang gehörte auch eine *Stammkneipe*, in der die Jungendlichen ihr *Bier* tranken, *Dart* und *Billard* spielten oder sich sammelten um in den nächsten Tanzschuppen zu gehen. *„Dort tanzten schwarze und weiße Jugendliche gemeinsam nach dem neuesten Sound. Weiße Jugendliche kopierten den Slang der schwarzen. Und es gab eine Reihe britisch-jamaikanischer Skinheadgangs. Skinhead-Sein, das war in diesen Tagen eine Frage des Klassenstandpunktes und nicht der Hautfarbe."*[217]

Schnell waren in fast jeder größeren britischen Stadt Skinheadgangs zu sehen und so war die Skinhead-Szene in ihrem ersten Höhepunkt im Jahre 1969 auf etwa 10.000 Szenegänger angewachsen,[218] doch überlebte die erste Generation

---

[213] Vgl.: *Farin, Klaus*: Urban Rebels. In: Ders. (Hrsg.): Die Skins, S. 22.

[214] Ebenda, S. 23.

[215] *Farin, Klaus; Seidel-Pielen, Eberhard*: Krieg in den Städten, S. 69.

[216] *Farin, Klaus*: Urban Rebels. In: Ders. (Hrsg.): Die Skins, S. 24.

[217] *Farin, Klaus; Seidel-Pielen, Eberhard*: Skinheads, S. 34.

[218] Vgl.: *Menhorn, Christian*: Skinheads, S. 20.

die 1960er Jahre nur kurz. Viele Teenager liefen schnell neuen Kulten nach – somit schrumpfte die Szene auf ihren harten Kern zurück.

Schon Anfang der 1970er begann der Ska sich zu verändern. Bass- und Rhythmusgitarren verdrängten zunehmend die schrillen Bläser – der Tanzbeat wurde komplexer – aus Ska wurde *Reggae*.[219] Junge Musiker wie *Bob Marley* und *Jimmy Cliff* verstanden sich nun als Sprachrohr ihrer Landsleute, die nicht nur als Arbeiter, sondern zusätzlich wegen ihrer Hautfarbe diskriminiert wurden. *Linston Kwesi Johnson* vertrat die Meinung, dass die (afro-karibischen) Einwanderer in Großbritannien die gleichen *antikolonialen Kämpfe* zu bestreiten hätten, wie vormals in ihrer Heimat.[220] So erklärte er sein zweites Album „Forces of Victory" wie folgt: *„Die historischen Erfahrungen der weißen Arbeiterklasse sind nicht die gleichen wie die der Schwarzen und Asiaten."*[221] Der zum Reggae verlangsamte Ska hatte sich auf seine *schwarzafrikanischen Wurzeln* zurückgezogen und zudem noch die *Religion* entdeckt; die Hippiejugendlichen waren begeistert, doch die weißen Arbeiterjugendlichen konnten damit nichts mehr anfangen.

Und so brach die erste Skinheadwelle langsam ab. Der Filmklassiker von *Stanley Kubrick* „*A Clockwork Orange*" von 1971 brachte, durch die in ihm dargestellte Ganggewalt, noch ein kurzes Nachbeben, welches aber nicht lange dauern sollte. Der Skinheadkult überlebte diese Zeit – jedoch nur stark dezimiert.

»Bring back the skins« – Das Revival

Etwa um 1976 tauchte eine neue Jugend-Szene auf – *Punk*.[222] Das bedeutete wilde *Irokesenschnitte, grün, pink, rot gefärbte Haare* und eine Musik, die mit

---

[219] Für eine detaillierte Beschreibung des Wandels vom Ska zum Reggae und Rastafarian-Kult vgl. u.a.:

Hebdige, Dick: Subculture. In: *Diederichsen, Diedrich; Hebdige, Dick; Marx, Olaph-Dante* (Hrsg.): Schocker, S. 31ff.

Bratfisch, Rainer: Das große Reggae-Lexikon.

[220] Vgl.: *Farin, Klaus; Seidel-Pielen, Eberhard*: Skinheads, S. 35

[221] Ebenda.

[222] Grundlegend zur Jugend-Szene des Punk u.a.:

Büsser, Martin: If the kids are united – Von Punk zu Hardcore und zurück, 7. Auflage. Mainz 2006.

Colegrave, Stephen; Sullivan, Chris: Punk. München 2005.

El-Nawab, Susanne: Wenn die Nachbarskinder „Zick-Zack-Zeckenpack" rufen, dann ist Punk doch nicht tot! In: Journal der Jugendkulturen, Jg. 8 (2006), Heft 11, S. 26-33.

Farin, Klaus: Jugendkulturen in Deutschland. [Hier: S. 101-119.]

ihrem *Dreiakkordeminimalismus* und ihren *aggressiven Texten* daherkam.[223]
„Punk - eine perfekte Inszenierung für rebellische Teenagerherzen."[224]
Und es dauerte auch gerade einmal zwei Jahre, bis Punk ein lukrativer Zweig der Gesamtindustrie wurde, in der sich Mittel- und Oberschichtkids zuhauf tummelten; auch die Bandklassiker standen schon länger im Sold der Musik-Industrie. Punk wurde sehr schnell Teil der etablierten Ordnung gegen welche er angeblich agierte und somit war er für die Arbeiterjugendlichen nicht mehr authentisch genug. Viele Jugendliche wendeten sich somit schnell wieder vom Punk ab, da dieser immer deutlicher zum Sammelbecken für Aussteiger aller sozialen Schichten wurde – *Aussteiger auf Zeit.* Für die *Kids der Straße* war nun Distanz angesagt – nicht nur zu den *APO-Vätern* und *Hippiekindern*, sondern auch zu den neuen *Modepunks. „Da erinnerten sich viele Punks an den schlummernden Skinheadkult, und schon bald verwandelten sich Britanniens Schmuddelkinder serienweise in Skinheads."*[225] Sie ließen sich die bunten Haare scheren, flickten ihre Hosen und ersetzten die Nadeln im Ohr durch Tätowierungen auf ihren Armen – spätestens hier mussten die „Wochenendpunks" passen.
Das Lied *„Bring back the Skins"*, welches der Musiker *Judge Dread* 1976 auf seinem Album „Last of the skinheads" veröffentlichte, drückte genau dieses Gefühl aus – der Wunsch der Wiedererweckung des seit Anfang der siebziger Jahre schlummernden Skinheadkultes.[226] Und auch zahlreiche alte Punkbands machten weiter – sie säuberten ihre Musik vom *New Wave*[227] und anderen weitschwei-

---

Farin, Klaus: Jugendkulturen zwischen Kommerz und Politik. Bad Tölz 1998. [Hier: S. 70-94.]

Galenza, Ronald; Havemeister, Heinz (Hrsg.): „Wir wollen immer artig sein..." – Punk, New Wave, Hip Hop, Independent-Szene in der DDR 1980-1986. Berlin 2005.

Lau, Thomas: Die heiligen Narren – Punk 1976-1986. Berlin 1992.

Lindner, Rolf: Punk. In: Ders. (Hrsg.): Punk-Rock – Oder: Der vermarktete Aufruhr. Frankfurt/ Main 1978, S. 5-18.

Ders.: „Punk rules, o.k.!". In: Ästhetik und Kommunikation, Jg. 9 (1978), Heft 31, S. 57-63.

Savage, Jon: England's Dreaming – Anarchie, Sex Pistols, Punk Rock. Berlin 2003.

Teipel, Jürgen: Verschwende deine Jugend – Ein Doku-Roman über den deutschen Punk und New Wave. Frankfurt/ Main 2001.

[223] Vgl.: *Farin, Klaus; Seidel-Pielen, Eberhard*: Skinheads, S. 43.

[224] *Farin, Klaus*: Urban Rebels. In: Ders. (Hrsg.): Die Skins, S. 30.

[225] Ebenda.

[226] Vgl.: *Dread, Judge*: Last of the skinheads. Captain Mod Records 2002, Bring back the skins.

[227] Der Begriff New Wave bezeichnet eine Weiterentwicklung des Punk. Während der Punk möglichst einfach gespielt werden musste, war der New Wave in seiner musikalischen Darstellung ausgeschmückter – hier reichte der Dreiakkordeminimalismus, welcher dem Punk oft nachgesagt wurde, nicht mehr aus.

fenden studioabhängigen Künstlichkeiten – *Oi!* war geboren. Oi! kommt aus dem *Cockney* und bedeutet nicht viel mehr als „hey". Der Ursprung ist zwar sehr umstritten, dürfte aber wohl von der Band „*Cockney Rejects*" herrühren. Ihr Sänger *Stinky Turner* hatte es sich zu eigen gemacht, anstatt des üblichen one-two-three, ein zackiges *oi! oi! oi!* ins Mikrofon zu grölen. Daneben verewigten sie den Begriff in ihrem Lied „Oi! Oi! Oi!". Doch damit nicht genug – der damalige Manager der Rejects und Soundsjournalist *Garry Bushell* wählte als Titel für seine regelmäßigen Kolumnen über diesen Stil den Begriff Oi! – damit stand der neuen Name fest.[228] Farin und Seidel-Pielen beschrieben Oi! als „*die jüngste Tochter des Punk. Hart und schnell. Garantiert ungenießbar für Leute über 30. Einfach. Direkt. Rüde in Text und Ton.*"[229]

Markant für die Oi!-Musik war jedoch, dass die meisten Musiker selbst keine Skinheads waren – die großen Oi!-Bands wie „*Cock Sparrer*", „*Cockney Rejects*" oder „*The Business*", hier mit Ausnahme ihres Sängers Micky Fitzsimons, der als einziges Bandmitglied ein Skinhead war, hatten keine Skinheads in ihren Reihen und auch die Musiker von „*Sham 69*" waren keine Skinheads, auch wenn *Jimmy Pursey* gerne mit diesem Image spielte. Somit stellte auch die neue Skinhead-Musik nicht wirklich Skinheads auf der Bühne dar.[230]

Auf jeden Fall war der Skinhead-Szene durch Oi! eine weitere Wurzel gewachsen – die in ihren Ausdrucksformen härter daherkam, als es Ska und Skinhead-Reggae erreichen konnten. Über den neuen Boom des Kultes kamen neue Accessoires in die Bewegung – die Stiefel wurden höher, die Haare kürzer, domestosgebleichte Jeans, Bomberjacken und andere Militärkleidungsstücke wurden bei den neuen Skinheads beliebt. Die smartesten Jacken wurden mit den Namen verschiedener Bands verziert. Die anfangs noch dezenten Tätowierungen wucherten nun über den ganzen Körper bis ins Gesicht. Viele der älteren Generation wandten sich von den neuen Skinheads ab und begannen sich noch smarter zu kleiden. Doch in dieser Zeit erlebte der Ska ebenfalls sein Revival. Auch dieser war teilweise vom Punk beeinflusst, daher soll er hier als *Oi!-Ska* bezeichnet werden.[231]

---

[228] Vgl.: *Farin, Klaus*: Urban Rebels. In: Ders. (Hrsg.): Die Skins, S. 31.

[229] *Farin, Klaus; Seidel-Pielen, Eberhard*: Skinheads, S. 61.

[230] Vgl.: *Menhorn, Christian*: Skinheads, S. 43f.

[231] Vgl.: *Farin, Klaus*: Urban Rebels. In: Ders. (Hrsg.): Die Skins, S. 31ff.

George Marshall hingegen zitiert einen Ausschnitt des Musikjournalisten Chris Welch aus der Zeitschrift „Melody Maker" von 1969, in welchem dieser den Stil der Mods (negativ) beschreibt, obwohl er den Aussagen folgend wohl eher Skinheads meint. In diesem Artikel spricht er davon, dass schon damals (um 1969) gebleichte Jeans mit Hosenträgern, sowie olivgrüne Armeehosen und Bomberjacken getragen wurden. Dies widerspricht der Aussage Marshalls, dass solche Accessoires erst Mitte der 1970er Jahre durch die Punkbewegung von den Skinheads genutzt wurden.

Im März 1979 veröffentlichte die Band „*The Specials*", in der Kluft der Rudies, gecoverte Ska-Lieder der alten Tage auf ihrem bandeigenen Label *Two Tone*. Typisch für den Two Tone war neben dem Oi!-Ska-Stil die Tatsache, dass fast alle dieser Bands aus schwarzen und weißen Musikern bestanden. Und schnell wurde der Labelname namensgebend für den gesamten Stil. Das „The Specials" Album landete auf Platz vier der britischen Charts und knapp ein Jahr später waren diese fest in der Hand von Two Tone Bands wie „*Bad Manners*", „*The Selecter*" oder „*Madness*". Und da die meisten Lieder Coverversionen waren, feierten die Altstars wie Laurel Aitken, Prince Buster, Derrick Morgan und Desmond Riley ebenfalls ein unerwartetes Comeback. Und selbst die Losung „*Kids United*" der Band „Sham 69" entfaltete ihre Kraft – nicht nur auf Skins und Punks, sondern ein weiteres mal auf schwarze und weiße Jugendliche.[232]

Anfang der 1980er Jahre eskalierte die Lage in Großbritannien. Jeder zweite männliche Jugendliche war bereits arbeitslos gemeldet, unter den afrokaribischen Jugendlichen waren es sogar 60%. So erschütterten Aufstände, vor allem der Einwandererjugendlichen, die Insel zunehmend. Die *Unruhen* begannen im Juli 1981 in London und breiteten sich weiter in Richtung Norden bis Liverpool aus, wo in vier Nächten 150 Häuser niederbrannten und erfasste schließlich über 30 Städte. Die Unruhen breiteten sich zu einem allgemeinen Jugendspektakel aus – von den 67, während der Krawalle in Liverpool festgenommenen, waren 21 zwischen acht und sechzehn Jahren alt gewesen. Es ging längst nicht mehr nur um Arbeitslosigkeit, Rassismus oder polizeiliche Willkürakte, zu Hauptzielen wurden Boutiquen, Plattenläden sowie Hifi- und Videogeschäfte. „*Anstelle des Rechts auf Arbeit wurde das Recht auf Konsum erkämpft.*"[233] Zehntausende von Jugendlichen aus allen Schichten, Ethnien und Jugend-Szenen sollen sich bei den zehntägigen Ausschreitungen zwischen dem 4. und 13. Juli 1981 beteiligt haben – auch eine erhebliche Anzahl von Skinheads soll dabei gewesen sein. So berichtete die Presse von einer „*gemischtrassigen Meute*"[234] aus Skinheads, Asiaten und Westindern.[235]

Der vielleicht schwärzeste Tag der britischen Skinhead-Szene stellte im Nachhinein der 3. Juli 1981 dar, der Vorabend der Unruhen. Die Oi!-Bands „The Business", „The Last Resort" und „The 4-Skins" wollten mit einer Festivaltour das Auseinanderdriften der Szene aufhalten und gleichzeitig verhindern, dass Skinheads endgültig das Image von militanten Hilfstruppen der National Front (NF)

Vgl.: *Welch, Chris*: Now it's a mod, mod, mod, mod world. In: Melody Maker, 1969. Zitiert nach: *Marshall, George*: Spirit of `69, S. 7ff.

[232] Vgl.: *Farin, Klaus*: Urban Rebels. In: Ders. (Hrsg.): Die Skins, S. 33ff.

[233] *Hebdige, Dick*: Versteckspiel im Rampenlicht. In: *Lindner, Rolf; Wiebe, Hans-Hermann* (Hrsg.): Verborgen im Licht – Neues zur Jugendfrage. Frankfurt/ Main 1986, S. 202ff.

[234] *Farin, Klaus*: Urban Rebels. In: Ders. (Hrsg.): Die Skins, S. 41.

[235] Vgl.: Ebenda, S. 42f.

erhielten. Als zweiter Termin stand der 3. Juli in der *Southall Hambrough Tavern* in Westlondon auf dem Plan. Ein Club, der sich für Independentkonzerte einen guten Ruf erarbeitet hatte – gerade erst waren hier „Cock Sparrer" ohne Probleme aufgetreten, obwohl der Club in Mitten einem von asiatischen Einwandern dominierten Viertel lag, welches des Öfteren zum Angriffsziel der National Front auserkoren wurde. Doch die Stimmung war von Anfang an aufgeheizt und die asiatischen Jugendlichen schienen nur auf eine erneute Provokation zu warten.[236]

Als das Konzert etwa gegen halb neun begann, fanden sich 500 Fans im Saal ein, wovon nur die Hälfte Skinheads und davon nur ein geringer Teil politisch rechts zu verorten war. Schon vor dem Konzertbeginn war es zu einzelnen Prügeleien gekommen. Um halb zehn brach der Sturm los. Als sich die Polizeikette zwischen dem Club und den Asiaten formierte flogen die ersten Steine, gleichzeitig drangen durch den Hintereingang asiatische Jugendliche ein und gingen auf die Konzertbesucher los. Die ersten Skinheads stürmten mit Stuhlbeinen und anderen Knüppeln nach draußen, wurden jedoch von der auf 2.000 Menschen angeschwollenen Menge mitsamt den Polizisten in den Club zurückgedrängt. Die Fensterscheiben zersprangen in einem Stein- und Flaschenhagel – Molotowcocktails folgten und plötzlich rollte durch die geöffneten Fluchttore ein brennender Polizeiwagen in den Saal. Während der Club bis auf die Grundmauern niederbrannte, lieferten sich Skinheads, Polizisten und asiatische Jugendliche vor laufenden Kameras eine stundenlange Straßenschlacht – das Resultat lautete wie folgt: 110 Schwerverletzte und das vorläufige Aus für Oi! – jetzt glaubte jeder zu wissen, dass Oi! rechts sein musste. So jedenfalls die Darstellung von Klaus Farin.[237]

Trotz alledem formierten sich spätestens in den 1980er Jahren verschiedene Strömungen innerhalb der Skinhead-Szene – so gibt es heute rechte Skinheads (Hammerskins, Blood & Honour-Skins), linke Skinheads (hier vor allem RASH-Skins), sowie unpolitische Oi!-Skins, antirassistische SHARP-Skins, traditionelle 69er Skins, Trojan-Skins und einige mehr.[238]

4. Skinheads in Deutschland

4.1. Jugendkulturelle Wurzeln

Jugendkulturelle Wurzeln für die deutsche Skinhead-Szene existieren, anders als für die Skinheads in Großbritannien, nicht. Die deutschen Skinheads konnten sich

---

[236] Vgl.: *Farin, Klaus*: Urban Rebels. In: Ders. (Hrsg.): Die Skins, S. 42f.

[237] Vgl.: Ebenda.

[238] Zu dieser Entwicklung weiterführend u.a.:

Lauenburg, Frank: Skinheads. [Hier: S. 36-40.]

daher ausschließlich an dem orientieren, was den Jugendlichen über *(szeneinter-ne) Medien* präsentiert wurde. So war die westdeutsche Szene eine Art *Ableger der britischen Skinheads*, während die ostdeutsche Skinhead-Szene auf Informationen aus der BRD angewiesen war. Somit war der Ursprung für die Entstehung der westdeutschen Szene oft eine *Englandreise*; ein deutscher Jugendlicher reiste nach England, sah da Skinheads, der Stil gefiel ihm, er *kopierte* ihn und brachte ihn damit nach Westdeutschland. Eine andere Möglichkeit bot sich über die hier stationierten *britischen Soldaten* und der Stil wurde von diesen kopiert. Die ostdeutsche Szene hingegen musste sich damit begnügen, welche Informationen sie über Westmedien erhaschen konnte. Über solch ein *Kopieren* eines *fremden Stils* entstand die deutsche Szene – somit gibt es keine realen jugendkulturellen Vorläufer für die deutschen Skinheads.

Trotz alledem lassen sich markante Elemente für die deutsche Skinhead-Szene feststellen. Erstens zur West-Szene: Da der große Aufschwung hier Mitte der 1970er bis Anfang der 1980er Jahre stattfand und zu diesem Zeitpunkt ein Wechsel vom Punk zum Skinhead vorherrschend war, so ist für diese Szene der Wechsel eines Jugendlichen vom Punk- zum Skinhead-Stil prägnant; somit könnte der (westdeutsche) Punk theoretisch als jugendkulturelle Wurzel für die westdeutschen Skinheads gelten. Da der Skinheadkult jedoch älter ist, als der des Punk, kann (westdeutscher) Punk nur bedingt als Vorläufer bezeichnet werden. Zweitens: Für die ostdeutschen Skinheads ist eine starke Verbindung zur „*Fußballrabaukenszene*" nachweisbar – das Fußballstadion bot für viele eine der wenigen Möglichkeiten in halböffentlicher Weise auf Konfrontation mit dem System der DDR zu gehen und die persönliche Apathie in halbindividueller, zum Teil auch aggressiver Form, zu äußern, ohne dabei, innerhalb der Fan-Masse, als Individuum erkannt zu werden. Diese Verbindung zwischen Skins und *Fußballrabaukenszene* ist jedoch nur ein Merkmal der ostdeutschen Skinhead-Szene; sie ist keine legitime jugendkulturelle Wurzel.

4.2. Soziale und gesellschaftliche Rahmenbedingungen

Ein *solidarisches Zusammenleben* der Arbeiter in Form einer Art *Arbeiter-Gemeinschaft* wird an vielen Stellen, auch für Deutschland, beschrieben, so unter anderem 1976 von Heinrich Breuer und Rolf Lindner am Beispiel einer Bergarbeitersiedlung von Bottrop.[239] Das Gros dieser Bergarbeitersiedlungen entstand zwischen 1900 und 1914. Zu dieser Zeit soll die 1 ½-geschossige Bauweise nach dem Muster des englischen Cottage-Systems dominiert haben. In diesem Wohnungssystem lebten jeweils vier Familien in einem Haus, jede Fa-

---

[239] Weiterführend u.a.:

Vgl.: *Breuer, Heinrich; Lindner, Rolf:* „Sind doch nicht alles Beckenbauers" – Fußballsport und Arbeiterviertel am Beispiel Bottrop. In: Ästhetik und Kommunikation, Heft 24, S. 6-33.

milie hatte einen eigenen Eingang, jede Wohnung bestand aus vier Räumen, Küche und Wohnzimmer im Erdgeschoss und zwei Schlafzimmern, anfangs geteilt mit Kostgängern, im Obergeschoss. Zudem soll jeder Familie ein Garten und ein Stall zur Verfügung gestanden haben. So heißt es an dieser Stelle: „*Diese im Vergleich zum Etagensiedlungssystem und zu den Wohnsilos recht ‚human' wirkende Siedlungsform wurde von den Bergwerksgesellschaften nicht aus sozial-karikativen Motiven gewählt. Die Geschicke der Zeche standen und fielen mit einem Stamm von zuverlässigen Bergleuten. [...] Gerade die klassenspezifische Homogenität der Arbeiterviertel [...] hat zu starker Solidarität geführt, hat die Zugehörigkeit zu einer bestimmten Klasse sinnlich-anschaulich gemacht. [...] Auch zeigen die Klassenkämpfe [...] , daß gerade durch die Kommunikation in den Arbeitervierteln Solidarität und Klassenbewusstsein außerhalb der massenhaften Zusammenfassung durch die Produktion erreicht werden kann. Vor allen Dingen wird daraus deutlich, daß die These, Arbeiter in Werksiedlungen kämen schwerlich über eine unmittelbare auf die Schachtanlage bezogene Interessenpolitik hinaus, zu kurz greift.*"[240]

Breuer und Lindner argumentierten auf dieser Basis, dass es allein durch das Zusammenleben von Arbeitern zu einem Klassenbewusstsein und damit zu einer Form des Zusammengehörigkeitsgefühls käme – im Umkehrschluss bedeutet dies aber auch, dass ein Aufbrechen solcher Wohnsituationen Folgen nach sich ziehen würde. Diese Folgen können die Anpassung an eine neue soziale Umwelt sein, hierfür muss jedoch eine soziale Mobilität gegeben sein. Herrscht diese nicht vor, so wird der Versuch der (neuen) Integration mindestens mit Problemen behaftet sein.

In den siebziger Jahren wurden solche Siedlungssysteme zunehmend aufgebrochen. „*Heute wird in den Kolonien* [gemeint sind die Bergarbeiterkolonien als Siedlungssystem; F.L.] *mehr gewohnt als gelebt.*"[241] Breuer und Lindner verweisen gleichzeitig darauf, dass es solchen Siedlungsstrukturen zu ihrer Zeit zunehmend an der „*kollektiven Identität*"[242] gemangelt habe, da die Interaktions- und Kommunikationsform durchbrochen wurde und somit das identitätsstiftende Merkmal der *solidarischen Gemeinschaft* verloren ging.[243]

Klaus Farin und Eberhard Seidel-Pielen beschreiben die vorherrschende Situation wie folgt: „*Wendezeit, nicht nur in Bonn. Die 70er Jahre mit ihrem sozialliberalen Reformeifer sind unwiderruflich passé. Massenarbeitslosigkeit, Modernisierungsschübe in der Produktion, Lehrstellenknappheit verunsichern die Bevölkerung. [...] Auch in den Jugendszenen verlieren Ökopaxe und Hausbesetzer an Attraktivität. Die 68er Rebellen von einst stehen längst als Lehrer auf der*

---

[240] *Breuer, Heinrich; Lindner, Rolf*: „Sind doch nicht alles Beckenbauers". In: Ästhetik und Kommunikation, Heft 24, S. 10f.

[241] Ebenda, S. 32.

[242] Ebenda.

[243] Vgl.: Ebenda, S. 31f.

anderen Seite.[244] Der Ausdruck der *Wende* bezieht sich hier nicht auf den Transformationsprozess der Jahre 1989/90 und die folgende Wiedervereinigung der beiden deutschen Staaten, sondern es handelt sich hierbei um die politische Wende, durch den Regierungsantritt Helmut Kohls 1982 und der schwarz-gelben Koalition von CDU/ CSU und FDP und der damit endenden Regierung der sozial-liberalen Koalition (SPD und FDP). Nach neunzehn Jahren regieren wieder konservative Kräfte in Deutschland, abgesehen von der Großen Koalition aus Union und Sozialdemokraten, und genau diesen politisch-geistigen Wandel beschreibt der Begriff Wende. Dabei sollte berücksichtigt werden, dass viele Autoren die Ansicht vertreten, diese geistig-moralische Wende hätte es faktisch niemals gegeben.

Aber dieser hier angesprochene politische Wandel hatte folglich auch Auswirkungen auf die Jugend: *„Die neue Generation hat weiß Gott keine Ähnlichkeiten mehr mit den Lemmingen, jenen seltsamen Tieren, die sich ohne Not von hohen Felsen in den Tod stürzen. Solche Mentalität hat die Apo-Generation. Aber die ist nun runtergestürzt und somit nicht mehr da. Da ist: eine neue, leistungswillige, positive Jugend [...] Es ist die ‚Jugend der Wende' [...] Was aus jungen Menschen, die auf so altmodische Dinge wie Disziplin und Etikette setzten, einmal werden wird, bleibt abzuwarten.“*[245] Für diese *positive, neue Jugend*, stehen zentrale Begriffe, wie Werte, Wissen und Wohlstand im Vordergrund, welche oft in Kongruenz mit einem mittelständischen Aufstiegsdrang und Aussagen wie: „Ich will Geld verdienen" stehen. Kurz nach der Wende formuliert Bundespräsident Carl Carstens die neue Marschrichtung: Die Jugendlichen sollten sich nicht einreden lassen, dass das Leben ohne Sinn und Perspektive sei. Sie sollten sich vielmehr für konkrete Aufgaben und Ziele einsetzen. *„Einsteigen statt Aussteigen"*, so formulierte der ehemalige Bundesvorsitzende der Jungen Union die Zukunft. Oft fallen solche Aussagen mit einer starken *elitären Selbstdarstellung* der Wendejugend zusammen.[246] Dem gegenüber stand seit neuestem Oi!.

Oi! bot auch hierzulande eine Alternative für *Punkaussteiger*, die weder mit *Mittelschicht-Poppern* noch *Polit-Anarchos* in einer Szene bleiben wollten. *„Glaubt man Berichten von damaligen Skins, so müssen es Hunderte von Punks gewesen sein, die innerhalb von wenigen Monaten allein in Großstädten wie Hamburg, Frankfurt und Berlin zur Skinkultur übertraten.“*[247] Wie seinerzeit in Großbritannien kam auch hier das Gros der neuen Skinheads aus der Fußballszene. Durch die *Dritte Halbzeit* und andere Fußballrandale boomte die Skinhead-

---

[244] *Farin, Klaus; Seidel-Pielen, Eberhard*: Skinheads, S. 60.

[245] *Farin, Klaus; Müller, Leo*: Die Wendejugend. Hamburg 1984, S. 18.

[246] Vgl.: Ebenda, S. 18ff.

[247] *Farin, Klaus; Seidel-Pielen, Eberhard*: Skinheads, S. 99.

Szene wie nie zuvor. Dafür spielte die Frage des sozialen Protestes, anders als in England, kaum eine Rolle.[248]

Farin und Seidel-Pielen konstatierten schon 1991 in ihrem Werk „Krieg in den Städten" über Jugendgangs in Deutschland, dass die Nutzung von nationalsozialistischen Symbolen wie Hakenkreuze und SS-Runen selten Rassismus oder Nationalismus im klassischen Sinne, sondern vielmehr „*hilflose Orientierungsversuche gegenüber einer gesellschaftlichen Erfahrungswelt, die immer unübersichtlicher und befremdeter geworden ist*"[249] darstellte. Das gesamte Gangverhalten und deren „*Platzhirschrituale*"[250] stellten für sie den realen Gradmesser des Entwicklungsstandes der multikulturellen Gesellschaft dar und somit einen Ausdruck für die (konzeptionslose) Einwanderungspolitik, denn anders als die Erwachsenen konnte die Jugend der achtziger und neunziger Jahre sich nicht mehr um eine Stellungnahme zur Zukunft eines multiethnischen Deutschlands drücken.[251]

Da die Skinhead-Szene der DDR in der Regel als durchgehend rechtsorientiert verstanden wird[252], wird in der Rechtsextremismusforschung auch versucht eben dieses Phänomen zu erklären. Als Begründung wird daher oft das System der DDR als *links-autoritärer Staat* herangezogen. Somit heißt es dann in der Erklärung der Teilnahme an der DDR-Skinhead-Szene, dass das Spielen mit faschistischen Symbolen die vermeintlich einzige Möglichkeit war, einen Staat zu ärgern, in dem laut Verfassung der Faschismus abgeschafft war. Da jedoch nicht davon ausgegangen werden kann, dass alle ostdeutschen Skinheads rechtsorientiert waren, müssen noch weitere Gründe ausschlaggebend gewesen sein – hierunter sollte zumindest auch der Skinheadstil (Angst zu verbreiten, eine prolligmännliche Attitüde sowie eine anti-spießbürgerliche Haltung gegenüber dem DDR-System) gezählt werden – im Unterschied zur *inneren Immigration* vieler Intellektueller in der DDR, symbolisierte der Skinheadstil, eben auch in der DDR, eine *äußere Kriegserklärung* an den Staat.

---

[248] Vgl.: *Ministerium für Inneres und Sport Rheinland*-Pfalz (Hrsg.): Rechtsextremistische Skinheads. Mainz 2006, S. 12f.

[249] *Farin, Klaus; Seidel-Pielen, Eberhard*: Krieg in den Städten, S. 9f.

[250] Ebenda, S. 10.

[251] Vgl.: Ebenda.

[252] Vgl.: *Schumann, Frank*: Glatzen.

Stock, Manfred; Mühlberg, Philipp: Die Szene von Innen.

4.3. Die Geschichte der deutschen Skinheads

Skinheads in der alten BRD

An dieser Stelle soll, äquivalent zu Großbritannien, geklärt werden, wie sich die Skinhead-Szene in Deutschland entwickelte. Das Landesamt für Verfassungsschutz Baden-Württemberg erwähnt hierzu: *„Die in Großbritannien in den 60er Jahren entstandene, Ende der 70er Jahre erstmals auch im Bundesgebiet in Erscheinung getretene Skinheadbewegung war ursprünglich eine jugendliche Subkultur, deren äußeres Erscheinungsbild die massive Ablehnung der bürgerlichen Gesellschaft signalisierte."*[253]

Vereinzelt sollen sogar schon 1969 in den Hafenstädten Bremen und Hamburg deutsche Skinheads gesichtet worden sein, doch wusste zu diesem Zeitpunkt noch niemand so recht, was das bedeutete, weshalb die öffentliche Wahrnehmung sehr gering war.[254] In den Jahren 1977/78 traten nun auch vermehrt die ersten Skinheads in der deutschen Öffentlichkeit auf respektive deutsche Jugendliche wurden als Skinheads wahrgenommen. Anfangs konnte jedoch noch nicht von einer Szene gesprochen werden, da grundlegende und überregional verbindende Elemente, wie die Kommunikation über Fanzines oder eigene Musikgruppen noch fehlte.[255] Somit stellte vieles, gerade zu Beginn, eine *„Kopie des Vorbildes in Großbritannien dar."*[256] Es kann hiermit festgehalten werden, dass die deutsche Skinheadbewegung auf einen *Import* der britischen Jugend-Szene zurückging. Zum einen gelangte sie über die in der BRD stationierten britischen Streitkräfte nach Deutschland und zum anderen versorgten sich die deutschen Punks mit Fanzines aus England, in denen ausführlich über die englischen Skinheads und die neue Oi!-Szene berichtet wurde. Von einer Skinhead-Szene lässt sich somit in Deutschland erst ab 1980/81 sprechen. Zu Beginn der 1980er Jahre entwickelte sich die Skinhead-Szene in der Bundesrepublik kontinuierlich weiter – erste Skinheadbands entstanden, mit Fanzines begann die informelle Vernetzung. Mitte der 1980er Jahre nahm die Gewaltbereitschaft, ähnlich wie

---

[253] *Landesamt für Verfassungsschutz Baden-Württemberg* (Hrsg.): Rechtsextremismus. Stuttgart 2006, S. 19.

[254] Vgl.: *Farin, Klaus; Seidel-Pielen, Eberhard*: Skinheads, S. 99.

Erwähnenswert erscheint in diesem Zusammenhang, dass der Spiegel schon 1970 [sic!] auf das Thema der Skinheads in England aufmerksam machte – auch wenn hier eine inhaltliche Reduzierung auf rassistische Vorfälle vorgenommen wurde.

Vgl.: Diese Stinker. In: Der Spiegel, Nr. 24 vom 15. Juni 1970, S. 100. Zitiert nach: *Menhorn, Christian*: Skinheads, S. 27.

[255] Vgl.: *Niedersächsisches Ministerium für Inneres und Sport* (Hrsg.): Rechtsextremistische Skinheads, S. 7.

[256] *Ministerium für Inneres und Sport Rheinland-Pfalz* (Hrsg.): Rechtsextremistische Skinheads, S. 12.

damals in Großbritannien, ebenfalls drastisch zu.[257] Wie ursprünglich im Mutterland rückte auch hier eine neue jüngere Generation – Farin spricht hierbei von den *„mediengeformten Skinheads"*[258] – nach. Der Begriff geht darauf zurück, dass viele Nachgewachsene die Szene mit ihrem Einstieg nur aus den (szenefremden) Medien kannten und somit von diesem Bild auch erheblich geprägt waren.

Innerhalb der Oi!-Szene vollzog sich in den 1980er Jahren jedoch ein Bruch – was der 3. Juli 1981 in Southall England für die britischen Skinheads war, waren die *Chaostage 1984* in Hannover für die (west-) deutschen Skinheads. Innerhalb der Punkbewegung vollzog sich Anfang der 1980er Jahre ein bedeutender Differenzierungsprozess. Ähnlich wie in Großbritannien sympathisierte ein Teil der Punk-Szene mit den neuen Skinheads, Anfang der 1980er Jahre vollzogen sie den Wechsel zu denselben, während sich im Gegenzug der andere Teil politisch immer stärker nach links entwickelte.

Die Chaostage 1983 konnten noch als eine Art *„Gemeinschaftsveranstaltung"*[259] von Punks und Skinheads bezeichnet werden. So kam es ein Jahr später, aufgrund von gegenseitigen Provokationen durch „Sieg Heil"- und „Nazis raus"-Rufe, zu Straßenschlachten.

Edmund Hartsch zeichnet ein anderes Bild vom Jahre 1983. Hannover hatte sich zu diesem Zeitpunkt zu einer Stadt mit aktiver Untergrundkultur entwickelt. Die Chaostage, das größte deutsche Punktreffen, welches nun schon in sein drittes Jahr ging, stand offiziell unter dem Motto *„Skins und Punx. Die Wende. Wir halten jetzt zusammen! Am 2. Juli `83 in Hannover. […] Eingeladen sind alle Kids von der Strasse – vom Fussballfan bis zum Chaoten! Wir erwarten Tausende! Stop: Nazi-Idioten sind unerwünscht!"*[260] Real gesehen wurde daraus jedoch nach Hartsch nichts. Schon am ersten Tag sollen Skinheads und Punks mit Latten und Ketten aufeinander losgegangen sein.

Mitte der 1980er Jahre folgten jedoch vermehrt Übergriffe auf Ausländer, an denen zum Teil Skinheads beteiligt waren oder die durch die Medien als „Skinhead-Angriff" dargestellt wurden, und so schrumpfte die deutsche Szene wieder auf ihren Kern zusammen.[261] Die „Aufregung" legte sich jedoch schnell und mit

---

[257] Vgl.: *Niedersächsisches Ministerium für Inneres und Sport* (Hrsg.): Rechtsextremistische Skinheads, S. 7.

[258] *Farin, Klaus; Seidel-Pielen, Eberhard*: Krieg in den Städten, S. 76.

[259] *Niedersächsisches Ministerium für Inneres und Sport* (Hrsg.): Rechtsextremistische Skinheads, S. 7.

[260] *Hartsch, Edmund*: Böhse Onkelz – Danke für nichts, 4. Auflage. Frankfurt/ Main 1997, S. 74.

[261] Chronologien fremdenfeindlicher oder rechtsgerichteter (Gewalt-) Taten finden sich zuhauf, wobei innerhalb der Literatur solche Darstellungen oft erst mit dem Jahr 1990 beginnen, anders eine Aufzählung der Jusos:

der endgültigen Abspaltung der Punks setzte ein enormer Zulauf in der westdeutschen Skinhead-Szene ein, so dass diese 1986 ein- bis zweitausend Personen umfasst haben soll.[262]

Skinheads in der DDR

Nahezu gleichzeitig entwickelte sich in der ehemaligen Deutschen Demokratischen Republik ebenfalls eine Skinhead-Szene – wenngleich von Staates wegen geleugnet. Benno Hefeneger verweist auf Auswertungen von Akten der Staatssicherheit, nach denen es Ende 1987 in der DDR etwa 800 Personen im Alter von 16-25 Jahren, die den Skinheads zugeordnet wurden, gegeben haben soll. Regionale Schwerpunkte der etwa 38 Gruppen bildeten Berlin (circa 350 Personen) und Potsdam (circa 120 Personen). Im Oktober 1988 sprach die Staatssicherheit von 1067 Skinheads, wobei eine faktische Trennung von rechten Jugendlichen und rechten oder unpolitischen Skinheads heute schwer nachvollziehbar ist.[263] Aber auch das Niedersächsische Innenministerium vermerkt für das Jahr 1989 etwa eintausend Personen in der Skinhead-Szene der DDR.[264] Der Verfassungsschutzbericht des Freistaates Thüringen von 1994 verweist darauf, dass *„es bereits in den frühen 60er Jahren ‚Glatzen'* [in der DDR; F.L.] *gegeben* [haben soll; F.L.]*, die in Banden organisiert beispielsweise Ostseebäder heimsuchten.“*[265] Hiervon ist in den folgenden Jahren der Verfassungsschutzberichte nichts mehr zu lesen.

Vgl.: *Bundesverband der Jungsozialistinnen und Jungsozialisten in der SPD*: Rechter Terror – Eine unvollständige Chronik des (Er-) Schreckens. In: Dies. (Hrsg.): Handbuch Rechtsextremismus. Münster [2000], S. 152ff.

[262] Vgl.: *Niedersächsisches Ministerium für Inneres und Sport* (Hrsg.): Rechtsextremistische Skinheads, S. 7.

Jegliche Angaben zur Größen der Skinhead-Szene sind jedoch nur Näherungswerte, da oft unterschiedliche Blickwinkel genutzt werden. Einige Autoren fassen Skinheads und Neonazis zusammen – berücksichtigen dabei aber oft auch nur rechte Skinheads – andere subsumieren gewaltorientierte Jugendliche, von denen Skinheads dann nur ein Teil darstellen. Manchmal orientieren sich die Autoren am Aussehen, manchmal an der Einstellung – in der Regel sind subjektive Vorstellungen über die Szene der leitende Anspruch. Auch darf nicht vergessen werden, dass Jugend-Szenen einer starken Fluktuation unterliegen; es ist somit praktisch unmöglich genaue Angaben über die Größe der Skinhead-Szene zu machen, folglich können diese (sowie alle anderen) hier verwendeten Angaben zur Größe der Skinhead-Szene nur Richtwerte sein!

[263] Vgl.: *Hafeneger, Benno*: Rechte Jugendliche – Einstieg und Ausstieg: Sechs biographische Studien. Bielefeld 1993, S. 22.

[264] *Niedersächsisches Ministerium für Inneres und Sport* (Hrsg.): Rechtsextremistische Skinheads, S. 8.

[265] *Thüringer Innenministerium* (Hrsg.): Verfassungsschutzbericht 1994. Erfurt 1995, S. 33.

Ebenfalls um das Jahre 1980/81 begannen jugendliche Rabauken sich die Haare zu scheren, nur mit dem entscheidenden Unterschied, dass diese oft wenig vom Kult und den Wurzeln wussten. *„Skinhead war einfach das Schärfste, um den ersten antifaschistischen Staat auf deutschem Boden zu ärgern."*[266] Das Zentrum der DDR-Skinheads war hier stärker vom Fußball und den damit verbundenen Randalen geprägt, als anderswo. Trotz alledem bemühten sich auch immer mehr ostdeutsche Skinheads, tiefer gehende Informationen über die Wurzeln ihres Kultes zu erhalten. In Leipzig beispielsweise hatten bereits im Mai 1989 sechs junge Musiker um den farbigen Cousins Leander und Tom Topp die Band *„Messer Banzani"* gegründet, die sich innerhalb von zwei Jahren zu einer der populärsten Ska-Bands des europäischen Festlandes emporspielten. Im Frühjahr 1991 tauchten auch hier die ersten Skinhead-Fanzines auf, um den erhöhten Informationsbedarf decken zu können.[267]

Während die meisten Jugendlichen sich in der *Freien Deutschen Jugend* (FDJ) engagierten oder wenigstens mehr oder weniger daran partizipierten, wurden andere Jugendliche besonders ab den 1980er Jahren mehrheitlich ausgegrenzt und diskriminiert. So dass an einigen Jugendclubtüren sogar Schilder mit der Aufschrift „Kein Zutritt für Skinheads" zu sehen waren. Durch diese Ausgrenzung vollzog sich zunehmend auch in der DDR ein Phänomen, welches zuvor in England und der BRD sichtbar war – aus angeblichen Rechtsradikalen wurden wirkliche Rechtsradikale, da diese politischen Gruppen den Skinheads (und teilweise auch Punks) oft die einzigen Zufluchtsmöglichkeiten boten.[268]

Eine Studie aus dem Jahr 1989 des Niederländers Bernd Siegler gab für die soziale Schichtung der Skinheads der DDR an, dass es sich hierbei nur zu 15 Prozent um Jugendliche ohne Beruf handelte, 14 Prozent waren Handwerker, 47 Prozent Facharbeiter – damit gehörte die Masse zum Bildungsbürgertum und eben nicht zur Arbeiterschicht, die Eltern waren häufig in der *Sozialistischen Einheitspartei* (SED) engagiert, die Familien rangierten oft im oberen Drittel des Einkommensspektrums.[269] Wie verlässlich diese Angaben sind kann hier nicht genauer geklärt werden. Denn auch Siegler assoziiert Skinheads grundsätzlich mit rechtsextremistischen Jugendlichen. So basieren diese Zahlen ausschließlich auf den straffällig gewordenen Jugendlichen [sic!] – von einer Jugend-Szene wird hierbei nicht ausgegangen.

Erstmals 1985 wurde in der DDR ein Prozess gegen Skinheads geführt, die in Zeuthen wegen einer Schlägerei vom Kreisgericht in Königs Wusterhausen verurteilt wurden – aus diesem Prozess ergab sich auch die Weisung, solche Jugendlichen offiziell als *Rowdys* und damit ihre Taten als *(unpolitisches) Rowdy-*

---

[266] *Farin, Klaus; Seidel-Pielen, Eberhard*: Skinheads, S. 110.

[267] Vgl.: Ebenda, S. 117.

[268] Vgl.: *Schumann, Frank*: Glatzen, S. 35ff.

[269] Vgl.: *Siegler, Bernd*: Auferstanden aus Ruinen – Rechtsextremismus in der DDR. Berlin 1991, S. 73.

tum, und eben nicht als Skinheads, zu bezeichnen. Erst nach dem zweiten Prozess zum Überfall auf die *Zionskirche* durfte offiziell von *Skinhead-Rowdys* gesprochen werden.[270]

So verlief die Entwicklung weitgehend kongruent zwischen West und Ost – die Vorliebe für (Fußball-) Randale, die Pflege nazistischer Rufe seit Mitte der 1980er Jahre zur Provokation, die zunehmende Gewaltbereitschaft zum Ausklang der 1980er. Nur reagierte der SED-Staat anders. Da der Faschismus hier laut Verfassung nicht existierte, wurden die (rechtsgerichteten) Gebärden der Skinheads zum *unpolitischen Rowdytum* erklärt. Den Medien wurde eine Berichterstattung über entsprechende Vorkommnisse, sowie das Wort Skinhead in der Regel untersagt. Außerdem galten sie in den Kollektiven als *fleißig* und *ordentlich* – im Gegensatz zu den Punks und ähnlichen (linken) Gruppen, die sich bald unter der Obhut der Kirche zu sammeln begannen – weshalb Skinheads wenig Repressalien zu erwarten hatten.[271]

Ein Wendepunkt bedeutete der *17. Oktober 1987* – dem Southhall respektive der Chaostage 1984 der DDR – an dem etwa dreißig Hooligans und Skinheads einen Überfall auf die *Zionskirche* im Ostberliner Bezirk Prenzlauer Berg durchführten, als dort ein Rockkonzert der Bands „*Die Firma*" und „*Element of Crime*" stattfand.[272]

In vielen Darstellungen kursierte die Behauptung *Ingo Hasselbach*, eine der späteren zentralen Figuren des Rechtsextremismus in der sich auflösenden DDR und in den neuen Bundesländern, wäre am Überfall auf die Zionskirche beteiligt gewesen. So behaupteten dies unter anderem auch Klaus Farin und Eberhard Seidel-Pielen in der ersten Auflage ihres Buches „Rechtsruck", in den folgenden Auflagen findet sich diese Aussage nicht mehr.[273]

Diese Vermutung entspricht auch nicht der Wahrheit, denn Hasselbach verbüßte zu diesem Zeitpunkt noch eine achtmonatige Haftstrafe für den Ausspruch „Die Mauer muss weg!" bei einem „Freundschaftsfest zu Ehren der sowjetischen Streitkräfte" und wurde erst am 19. Oktober 1987 – also zwei Tage nach dem Überfall auf das Rock-Konzert – aus der Haft entlassen.[274]

Als Folge änderte sich auch das Vorgehen gegen diese Jugend-Szene. Von höchsten SED-Kreisen wurde die Parole ausgegeben: Bis zum 40. Jahrestag soll

---

[270] Vgl.: *Schumann, Frank*: Glatzen, S. 51f.

[271] Vgl.: *Farin, Klaus; Seidel-Pielen, Eberhard*: Skinheads, S. 110.

[272] Vgl.: *Farin, Klaus; Seidel-Pielen, Eberhard*: Rechtsruck, S. 108.

[273] Vgl.: *Farin, Klaus; Seidel-Pielen, Eberhard*: Rechtsruck, 1. Auflage 1992, S. 108.

und: *Farin, Klaus; Seidel-Pielen, Eberhard*: Rechtsruck, 4. Auflage 1993, S. 108.

[274] Vgl.: *Hasselbach, Ingo; Bonengel; Winfried*: Die Abrechnung – Ein Neonazi steigt aus, 2. Auflage. Berlin 2001, S. 22ff.

Eine detaillierte Darstellung der Ereignisse zum Überfall auf die Zionskirche vgl.:

Schumann, Frank: Glatzen, S. 47ff.

es keine Skinheads mehr in der DDR geben. Aber gerade die Aussagen der jugendlichen Straftäter der folgenden Prozesse gegen Skinheads zeigten die Unterschiedlichkeit der Skinhead-Szene der DDR, denn nicht jeder Angeklagte besaß eine politische Motivation, für viele, aber definitiv nicht alle, war das Skinhead-Sein eine Form einer spaßorientierten Jugend-Szene. So heißt es beispielsweise aus dem Prozessbericht vom 26. April 1988 gegen Marco M.: *„Weiß er, daß die Skinheads in der BRD und in Westberlin den Neonazis zuzurechnen sind? Und daß man sich mit ihnen identifiziert, so man ihren Habitus und ihr öffentliches Verhalten zum Vorbild wählt? Marco M. sagte: Für Politik interessiere er sich nicht sonderlich.“*[275]

Zwischen dem 1. Januar 1988 und Ende Oktober 1989 wurden über vierhundert Personen inhaftiert. Doch wurde schnell erkannt, dass mit Repression wenig zu erreichen war und der Staat stellte auf Abwiegelung und behauptete erneut, es handele sich ausschließlich um unpolitische Rowdys. Trotz alledem wurden die Polizeiunterlagen an die Kombinatsdirektoren verschickt, mit der Aufforderung, mit den Glatzenträgern in den Arbeitskollektiven zu sprechen, die Antworten sollten zurückgesandt werden. In den Betrieben wurde jedoch verhältnismäßig lax mit dieser Situation umgegangen, da es in den Arbeitsbereichen wenig bis keine Probleme gab – galten sie doch weiterhin als besonders fleißig.[276]

Die Denkrichtung der DDR-Führung war klar – die Skinheads, und hier vor allem die rechten Skinheads, konnten nur ein *Import* aus dem „kapitalistischen Ausland", allen voran aus der BRD sein, denn *„die Insignien der DDR-Skins wie Bomberjacke, DocMartens-Schuhe etc. stammten von dort, die ideologischen Leitbilder auch, die Musikrichtungen, die sie bevorzugten, ebenfalls.“*[277] Auch wenn die Accessoires ein westlicher Import waren, so existierte im Laufe der Jahre eine eigenständige ostdeutsche Skinhead-Szene.

»Die neue deutsche Skinheadwelle« – Nach der deutschen Wiedervereinigung

Die anfängliche Begeisterung der Skinheads der älteren Generation über ihre neuen Kameraden weilte nicht lange. *„Grausame Erinnerungen an das Ende des Punk wurden wach, ein neuer Alptraum stand vor der Tür: Mode-Skins.“*[278] Viele störte die *„Beliebigkeit, die der Skinkult durch die zweite Generation zu bekommen drohte.“*[279] Somit wurde bald nicht mehr jeder, der mit Skinhead-Accessoires auftauchte, auch als Skinhead akzeptiert – es entwickelten sich zu-

---

[275] *Schumann, Frank*: Glatzen, S. 53.

[276] Vgl.: *Farin, Klaus; Seidel-Pielen, Eberhard*: Rechtsruck, S. 84f.

[277] *Schumann, Frank*: Glatzen, S. 9.

[278] *Farin, Klaus; Seidel-Pielen, Eberhard*: Skinheads, S. 102.

[279] Ebenda.

nehmend *elitäre Szenestrukturen*; mit einem Klassenbewusstsein hatte aber auch das nichts zu tun. Mit den „Urskins" hatte die neue, dritte Generation meist nur die Äußerlichkeiten gemeinsam und selbst diese wandelten sich zusehends – während die Wurzeln weitgehend unbekannt blieben. Tätowierungen, anfangs eines der wichtigsten Szene-Merkmale, als ewiges Bekenntnis und Ausdruck dafür, dass die Teilhabe nicht nur eine kurze Modemitgliedschaft war, waren bei jüngeren Skins zunehmend verpönt. Während sich die Skinheads der ersten Stunde ihre Originalklamotten noch mühsam aus England besorgen mussten, so war es nun möglich, diese im Laden um die Ecke zu kaufen und später sogar über renommierte (szenefremde [sic!]) Versandhäuser bestellen zu können.[280]

In den 1990er Jahren breiteten sich die Skinheadstrukturen weiter über das nun wiedervereinigte Deutschland aus, wo heute die gesamte Bandbreite der Szene zu finden ist. Somit lässt sich auch hier keine homogene Jugend-Szene mehr feststellen.[281] Der unpolitische Oi!-Skin respektive der traditionelle 69er findet ebenso seinen Platz, wie der SHARP-, Red- und RASH-Skin oder der Nazi-Skin respektive Bonehead. Der unpolitische Oi!-Skin versteht seine Szene als reine (unpolitische) Spaßorientierung. Traditionelle 69er Skins orientieren sich am Spirit of ´69, wobei inhaltlich unklar ist, wie solch eine Orientierung genau aussieht! SHARP ist eine antirassistische Einstellung und steht für „Skinheads Against Racial Prejudice". RASH steht für „Red And Anarchist Skinheads" und ist der organisatorische Arm der (linksorientierten bis kommunistisch-anarchistischen) Red-Skins. Während der Ausdruck Bonehead oder Nazi-Skin rechte Skinheads meint. Auch wenn es widersprüchlich erscheint wollen Leute um Marshall all diese Flügel in einer, wie er es nennt *Skinhead Nation*, vereinigen. Dies soll zwar nicht auf staatlich organisierter Basis erfolgen, sondern ihm schwebt eine *gemeinsame Jugend-Szene aller Skinheads* vor – wie genau diese *Skinhead Nation* aussehen soll, dazu schweigt er sich jedoch aus.

Es sollte festgehalten werden, dass mindestens ein Drittel, vielleicht sogar die Hälfte der deutschen Skinhead-Szene, mit Schwerpunkt auf den alten Bundesländern, zur *Oi!-Szene* gezählt werden kann. Hierbei steht Oi! für den „*spaß- und erlebnisorientierten Teil der Skinheadbewegung.*"[282] Die veranstalteten Konzerte sind hierbei weitgehend frei von politischen Botschaften. Hingegen ist der linksorientierte Teil der Szene inzwischen in Deutschland nur noch sehr schwach vertreten, da er ähnlich wie in Großbritannien, durch das Wiederaufleben des unpolitischen Oi!, unbedeutend wurde. Diese Entwicklung lässt sich so auch bei *SHARP* feststellen. SHARP gelang nach seiner Gründung 1986 in New York kurze Zeit später auch nach Deutschland, sodass das Skinhead-Fanzine

---

[280] Vgl.: *Farin, Klaus; Seidel-Pielen, Eberhard*: Skinheads, S. 107.

[281] Vgl.: *Ministerium für Inneres und Sport Rheinland*-Pfalz (Hrsg.): Rechtsextremistische Skinheads, S. 13f.

[282] *Niedersächsisches Ministerium für Inneres und Sport* (Hrsg.): Rechtsextremistische Skinheads, S. 14.

Skintonic seine Ausgabe Nummer 5 vom Juli 1989 einer Redaktion der *SHARP Section Germany* zuschrieb.

Anfangs brachte SHARP auch in Deutschland eine neue Skinheadwelle, da viele Altskins in ihre Szene wieder zurückfanden – nun konnten sie sich wieder so darstellen lassen, wie sich viele selbst fühlten – unpolitisch oder wenigstens nicht rechts. Ähnlich verhielt es sich bei dem 1993 in den USA gegründeten RASH, welches seit 1995 auch in Europa, unter anderem in Deutschland, existiert. Die Anzahl der deutschen (organisierten) Redskins dürfte zwischen 150 und 200 liegen.[283]

Für die deutsche Skinhead-Szene lässt sich folgendes konstatieren: *„Insgesamt zeigte sich diese Entwicklung nicht mehr allein mit dominierenden Schwerpunkten im städtischen Milieu. Der ländliche Raum war vom Auftreten dieser Jugendbewegung längst mit betroffen.“*[284] Somit breitete sich die Szene anfangs von den Hafenstädten im Norden, wie Hamburg und Bremen, über die Großstädte (vor allem Berlin und Leipzig), nun auch auf den ländlichen Raum aus.

Obwohl die deutsche SHARP Section anfänglich einen erhöhten Zustrom bedeutete, da die Jugend-Szene der Skinheads somit eindeutig für Jugendliche geöffnet wurde, die nichts mit Rechts zu tun haben wollten, bedeutete diese neue Popularität im Gegenzug für viele Altskins, den Verlust ihrer Rolle als Bürgerschreck und damit auch den beginnenden Zerfall ihrer gewachsenen Szenestrukturen. Kannten sich die Aktivisten früher noch fast alle persönlich, *„daß jedes überregionale Ereignis auf Außenstehende wie ein Familientreffen wirkte“*[285], so tauchten auf den Konzerten und Festivals zusehends immer mehr neue, junge Skinheads auf, denen die Anfangszeit unbekannt war. Daraus ergab sich in der Endkonsequenz oft ein Mangel an Bereitschaft, sich mit jüngeren Szenemitgliedern zu verbrüdern – auch hierin ist ein Grund zu sehen, warum es den neuen Skinheads oft anfänglich schwer fällt, die Wurzeln der Bewegung zu kennen – es mangelt an einer generationenübergreifenden Kommunikation.

„Es ist beileibe kein einfacher Pfad, den man als Skinhead in Deutschland zu beschreiten hat, ganz gleich, aus welcher politischen Ecke man auch kommen mag. Und dennoch bleibt es das Land mit der vielleicht größten Skinheadszene dieser Tage“,[286] so der Skinheadbiograph George Marshall. Diesen Umstand schreibt er der Tatsache zu, dass in Deutschland viele Konzerte, Plattenfirmen, Vertriebe, Fanzines etc. existieren, die dazu noch von vielen (Ex-) Szenemitgliedern gestaltet werden. Daher ist die deutsche Szene eben nicht auf fremde

---

[283] Vgl.: *Niedersächsisches Ministerium für Inneres und Sport* (Hrsg.): Rechtsextremistische Skinheads, S. 13f.

[284] *Ministerium für Inneres und Sport Rheinland*-Pfalz (Hrsg.): Rechtsextremistische Skinheads, S. 14.

[285] *Farin, Klaus; Seidel-Pielen, Eberhard*: Skinheads, S. 135.

[286] *Marshall, George*: Skinhead Nation, S. 170.

Einschätzungen angewiesen und kann sich freier gestalten als in anderen Ländern.[287]

Die Größe der Szene wird unterschiedlich angegeben, verbunden mit den weiter oben angesprochenen Problemen. Farin und Seidel-Pielen gingen bei ihrer Studie von 1992 von etwa 8.000 Skinheads in Deutschland aus.[288] Holger Bredel ging 2002 von 10.000-20.000 deutschen Skinheads aus.[289] Auf der Internetseite *„jugendszenen.com"* des Szeneforschers *Ronald Hitzler* gibt Farin an, dass die Zahl der Skinheads seit den 1980er Jahren konstant zwischen 8.000-15.000 gelegen habe.[290] Diese Zahlen sind jedoch für die heutige Skinhead-Szene vermutlich zu hoch angelegt, denn es erscheint so, dass die Skinhead-Szene keinen großen Anreiz mehr bieten kann und die Zahlen daher wohl eher rückläufig sind. Folglich müsste sich die Größe der Szene unter den Angaben von Farin und Seidel-Pielen von 1992 bewegen; eine Erklärung hierfür soll das Nachwort bringen.

---

[287] Vgl.: *Marshall, George*: Skinhead Nation, S. 170f.

[288] Vgl.: *Farin, Klaus; Seidel-Pielen, Eberhard*: Skinheads, S. 183.

[289] Vgl.: *Bredel, Holger*: Skinheads – Gefahr von rechts? Berlin 2002, S. 9.

[290] Vgl.: http://www.jugendszenen.com/skinheads/detail.php?nr=1759. [Stand : 13. Juli 2008.]

IV. Fazit

Die meisten heute entstehenden Jugend-Szenen werden auf der Basis der *Beck'schen Theorien* der sozialen Milieus erklärt.[291] Dieser Argumentation folgend, führt beispielsweise auch *Dieter Baacke* die Teilhabe an der Skinhead-Szene auf die existierenden „undichten Milieus"[292] oder ins Positive verkehrt, auf die Nichtexistenz respektive den Rückgang fester Milieus zurück. So heißt es an dieser Stelle: „*Ganz offensichtlich entstehen Gruppen und Szenen jugendlicher Gesellung aus einer sozialisatorisch diffusen Gemengelage.*"[293] Hier heißt es weiter: „*Gewalt und Fremdenfeindlichkeit muß nicht ausschließlich der ausagieren, der aufgrund mangelnder sozialer Erfahrungen Differenzen nicht aushalten kann, also, traditionell gesprochen, eher der sozialen Unterschicht angehört. Rechtsextremistische Orientierungen verteilen sich quer durch das soziale Stratum unserer Gesellschaft, und das bedeutet: Grundsätzlich kann jeder ein ‚Skin' werden; ein proletarischer Hintergrund ist gar nicht mehr notwendig.*"[294] Nun erwähnt Baacke in diesem Zusammenhang ausschließlich *gewalttätige rechtsextremistische Skinheads* – innerhalb seiner Darstellungen erscheint es fragwürdig, ob ihm die Existenz nichtrechter Skinheads überhaupt bekannt ist – und dieser Gruppe könne sich theoretisch jeder, unabhängig seiner (sozialen) Herkunft, anschließen. Davon abgesehen unterscheiden sich rechte Skinheads von nichtrechten Skinheads ja gerade nur in ihrer Einstellung zur Politik – sie tragen die gleiche Kleidung, nutzen die gleichen Stilelemente (abgesehen von politischen Symbolen), führen, abgesehen von eindeutig rechten Taten, weitestgehend den gleichen Lebensstil (Alkoholkonsum, Konzerte, öffentliche Provokationen) und hören oft (aber nicht ausschließlich) dieselbe Musik. Im Großen und Ganzen gleichen sie sich – sie sind *Zwillingsbrüder*, auch wenn die gegenseitige Wahrnehmung, der eine wäre der böse, der andere der gute Zwillingsbruder, unterschiedlich sein kann. Daraus lässt sich jedoch schließen, dass die *Zugänge zur Skinhead-Szene*, unabhängig von der politischen Ausrichtung,

---

[291] Grundlegend:

Beck, Ulrich: Risikogesellschaft – Auf dem Weg in eine andere Moderne. Frankfurt/ Main 1986.

Beck, Ulrich; Giddens, Anthony; Lash, Scott: Reflexive Modernisierung – Eine Kontroverse. Frankfurt/ Main 1996.

Gross, Peter: Die Multioptionsgesellschaft. Frankfurt/ Main 1994.

Schulze, Gerhard: Erlebnisgesellschaft.

[292] *Baacke, Dieter*: Ortlos – orientierungslos – Verschiebungen in jugendkulturellen Milieus. In: *Baacke, Dieter; Farin, Klaus; Lauffer, Jürgen* (Hrsg.): Rock von Rechts II, S. 86ff.

[293] Ebenda, S. 86.

[294] Ebenda, S. 86f.

weitgehend dieselben sind, so dass heute praktisch jeder ein Skinhead werden und diesen Stil dann auch ausleben kann.

Rolf Lindner schreibt zum Stichwort *Stil*: „*Die Elemente des Stils, von der Körpersprache bis zur Kleidung, sind nicht zufällig, sie sind, wie es Paul Willis (1981) ausgedrückt hat, den Werten der stilbildenden Gruppe homolog – als Arrangement sind sie nichts anderes als das nach außen verlegte Selbstbild der Gruppenmitglieder.*"[295] Ein Stil ist danach das *auf der Basis bestimmter Gruppen-Werte verinnerlichte, nach außen verlegte Selbstbild dieser Gruppe.* Paul Willis, wie Lindner hier zitiert, spricht jedoch von den *Werten der stilbildenden Gruppe*, nicht von den *Werten der stilnutzenden Gruppe*; worin liegt der Unterschied? „*Eine subkulturelle Tradition könnte einen ,Stil' (Einheit von Bedeutung und Aktion) hervorbringen, der sich den hegemonialen Definitionen der Medien und der Rechtssprechung entgegenstellt.*"[296] Solch eine unterschiedliche Deutung des Gruppen-Stils durch die stilbildende Gruppe und eine nicht stilbildende Gruppe, wie beispielsweise die (Massen-) Medien, die Rechtssprechung, die Erwachsenengeneration oder allgemein gesprochen die hegemoniale Gesellschaft, kann auch auf die Nutzer dieses Stils zutreffen. Folglich muss keine völlige Übereinstimmung zwischen den Werten der stilbildenden und der stilnutzenden Gruppe existieren. Somit muss das nach außen verlegte Selbstbild der Gruppe – der stilnutzenden Gruppe – nicht *authentisch* sein und damit nicht zwingend den realen Gegebenheiten entsprechen.[297]

„*Ferner läßt sich von einer sozialen Schicht nicht auch gleich auf die Zugehörigkeit zu einer bestimmten Subkultur schließen. [...] Obwohl bestimmte Subkulturen gewöhnlich auch für eine bestimmte soziale Schicht signifikant sind, heißt das nicht, daß Arbeiterjugendliche nicht in einer mittelschichtorientierten Subkultur zu finden sind und umgekehrt.*"[298] Mike Brake argumentiert hier ausgehend von der sozialen Schichtzugehörigkeit und einer hieraus nicht ablesbaren Teilnahme an einer Jugend-Szene; am Beispiel der Skinheads lässt sich auch der Umkehrschluss nicht ziehen. Das vorhandene empirische Material der Skinheadstudien von Klaus Farin und Eberhard Seidel-Pielen (1992) und Helmut Heitmann (1995), mit all seinen erwähnten Mängeln, lässt, im Vergleich mit dem *Arbeiter*-Anteil an der Gesamtbevölkerung, nicht den Rückschluss zu, dass

---

[295] *Lindner, Rolf*: Apropos Stil – Einige Anmerkungen zu einem Trend und seinen Folgen. In: *Lindner, Rolf; Wiebe, Hans-Hermann* (Hrsg.): Verborgen im Licht, S. 207.

[296] *CCCS*: Selbstdarstellung. In: Ästhetik und Kommunikation, Heft 24, S. 36.

Weiterführend zur Argumentation einer (möglichen) massenmedialen Nutzung, verbunden mit einer Umwertung, eines szenespezifischen Stils:

Vgl.: *Lindner, Rolf*: Apropos Stil. In: *Lindner, Rolf; Wiebe, Hans-Hermann*: Verborgen im Licht, S. 211f.

[297] Weiterführend vgl.: *Lauenburg, Frank*: Jugendszenen und Authentizität.

[298] *Brake, Mike*: Soziologie der jugendlichen Subkultur, S. 82.

die deutsche Skinhead-Szene eine Jugend-Szene der Arbeiterschicht wäre. Hingegen lässt sich zeigen, dass sich ein Großteil der deutschen Skinheads in einer Form der (finanziellen) Abhängigkeit zu ihren Eltern respektive Arbeitgebern (hier vor allem Auszubildende) befindet, so dass, zusammen mit den Angaben zum Altersdurchschnitt, hierbei freilich von einer *Jugend*-Szene die Rede sein kann. Dies kann unter Umständen zu einem *Selbstbild des Arbeiters, des Malochers*, einem *Selbstbild der unteren sozialen Schicht* führen – dieser Schluss muss jedoch nicht gegeben sein.

Ein historischer Rückblick in die 1960er Jahre in Großbritannien auf die *stilbildende* Gruppe der Skinheads gibt jedoch eine Erklärung für die (authentische) Verwendung des proletarischen Stils der Skinheads. So schrieb Klaus Farin 2001: *„Anders als wohl die meisten ihrer Elterngeneration merkten die jugendlichen Skins und Mods sehr wohl, dass die propagierte ‚Auflösung der Klassengesellschaft' in eine Solidargemeinschaft der Reichen und Armen, der versprochene Wohlstand (und Arbeit) für alle nicht ihre Zukunft sein würde."*[299] Nur reagierten beide Jugend-Szenen anders auf diese Wahrnehmung – die Mods versuchten einen glamourösen Lebensstil, dem sie real niemals angehören würden, wenigstens am Wochenende zu praktizieren, die Skinheads *„illuminierten durch ihr 50er-Jahre-Outfit, ihre Rituale, ihre Werte und ihre trotzige Verweigerung jeglicher Aufstiegsangebote auf magische Weise eine Arbeiterkultur, die es so wohl nie oder zumindest schon lange nicht mehr gab."*[300] Für die Jugendlichen dieser Zeit war die Nutzung dieses Arbeiter-Stils authentisch, denn sie entstammten – hiervon muss aufgrund der mangelnden empirischen Daten, auf der Basis der vorhandenen Literatur, ausgegangen werden – in der Masse der Arbeiterschicht und sie reagierten mit der Entwicklung und Nutzung dieses Stils auf die Gegebenheiten, wie beispielsweise den Rückgang des Sicherheitsgefüges ihrer traditionellen Werte bei mangelnder individueller Flexibilität, die sie nicht verhindern konnten.

Zusammenfassend lässt sich zum Stil sagen, dass dieser eine Konsolidierung einer Gruppe erreichen kann, aber der Stil kann auch durch *„die verdinglichende Inkorporation zum Wesen selbst gemacht* [werden; F.L.]*, d.h. er wird Selbstzweck, ‚Manierismus'."*[301] Genau dies scheint bei den Skinheads geschehen zu sein – aus einem ursprünglich authentischen szenespezifischen Stil ist reiner *Manierismus* geworden, der mit den realen Gegebenheiten dieser Jugendlichen

---

[299] *Farin, Klaus*: Jugendkulturen und Jugendszenen, S. 9.

[300] Ebenda.

[301] *Becker, Helmut; May, Michael*: Unterschiedliche soziale Milieus von Jugendlichen in ihrer Konstitution von Sozialräumen – Zur Entwicklung einer dialektisch-materialistischen Perspektive innerhalb der sozialökologischen Jugendforschung. In: *Lindner, Rolf; Wiebe, Hans-Hermann* (Hrsg.): Verborgen im Licht, S. 157.

soziologisch betrachtet nichts mehr gemein hat. *„Traditionelle Wertmaßstäbe der Unterschicht wurden von den Skinheads unhinterfragt übernommen.“*[302] So erscheint es als möglich, dass ein Teil einer bestimmten sozialen Schicht sich vordergründig einem bestimmten Stil, beispielsweise dem der Skinheads, zuwendet, diese Schichtzugehörigkeit ist jedoch nicht (mehr) zwingend gegeben und so ist die Skinhead-Szene von heute eben keine reine Arbeiter-Jugend-Szene mehr. Farin meinte: Skinheads – *„ein Männerkult der proletarischen Art.“*[303] Entscheidend ist hierbei jedoch die *„proletarische Art“*, das heißt eben nicht, dass diese durchweg Arbeiter wären, sie verwenden nur einen „Arbeiter-Stil“. An anderer Stelle vermerkte Farin: *„Die Skinhead-Szene ist vor allem eine Freizeit- und Spaßkultur, Musik, Partys, Alkohol.“*[304] – der soziale Stand spielt keine entscheidende Rolle mehr; die Skinhead-Jugend-Szene wird hier als eine rein spaßorientierte Szene verstanden. Denn: *„Falsch wäre auch die Annahme, Skins entstammten ausschließlich Arbeiterfamilien – hier täuscht das von englischen Industriearbeitern übernommene Outfit.“*[305] Die Forscher des CCCS unterschieden zwischen den *„stärker vom Arbeitsprozess geprägten Subkulturen der jugendlichen Arbeiterklasse“*[306] auf der einen Seite und den *„mehr ideologisch und Freizeit-geprägten diffusen Gegenkulturen jugendlicher Mittelschichten“*[307] auf der anderen Seite.[308] Nach diesem Verständnis waren die (englischen) Skinheads der ersten Gruppe, der *stärker vom Arbeitsprozess geprägten Subkulturen der jugendlichen Arbeiterklasse*, zuzuordnen. Wird dieses Bild jedoch auf die heutige (deutsche) Skinhead-Szene übertragen, so kann das Urteil hier nur lauten: (Deutsche) Skinheads sind Teil

---

[302] *Brake, Mike*: Soziologie der jugendlichen Subkultur, S. 91.

[303] *Farin, Klaus*: Jugendkulturen und Jugendszenen, S. 74.

[304] *Farin, Klaus*: Generation-kick.de, S. 119.

Die Verwendung des Arbeiter-Stils findet sich vor allem bei Musik-Texten diverser Oi!-Bands; selten bis nie bei Ska- oder Ska-Oi!-Bands. Hier ist immer wieder die Rede von harter (körperlicher) Arbeit, gepaart mit einem exzessiven Alkoholkonsum, machohaftem Verhalten gegenüber Frauen, körperlicher Aggression und weiteren Elementen der „Arbeiter-Schicht“. Inwiefern solche Texte einen authentischen Lebensstil beschreiben, also die Musiker diesen Stil real leben und selbst der unteren sozialen Schicht entstammen, wurde hier nicht untersucht – könnte jedoch zu späterer Zeit folgen.

[305] *Eberwein, Markus; Drexler, Josef*: Skinheads in Deutschland, S. 6.

[306] *Häusler, Alexander*: Szene. In: *Dornbusch, Christian; Raabe, Jan* (Hrsg.): RechtsRock, S. 273.

[307] Ebenda.

[308] An dieses Bild knüpfte Rolf Schwendter in seiner „Theorie der Subkultur" an, wenn er zwischen subkulturellen Teil- und Gegenkulturen unterschied, wobei er Letztere weiterhin in progressive und regressive Typen von Subkulturen differenzierte.

Weiterführend: *Schwendter, Rolf*: Theorie der Subkultur.

einer *wenig ideologisch* [sic!] *und Freizeit-geprägten diffusen Gegenkultur,* wobei sich zur Schichtzugehörigkeit keine eindeutige Aussage treffen lässt – somit bleibt der *Mythos der Skinheads eine Jugend-Szene der Arbeiterschicht zu sein,* zwar vorhanden, aber mehr als ein *Mythos* [sic!] ist *Working Class* real eben nicht mehr.

Nachwort: Zukunftsaussichten für die Jugend-Szene der Skinheads

What about you skinhead?

Der »*Spirit of `69*« ist lange vorbei, über die Existenz eines »*Spirit of `76*« lässt sich grundsätzlich streiten, eine »*Neue Deutsche Skinheadwelle*« für die 1990er Jahre empirisch nachzuweisen ist nicht schwer. Fakt bleibt eines, die Skinhead-Szene ist aktuell die älteste noch existierende Jugend-Szene überhaupt – heute feierte sie ihr 40-jähriges Jubiläum.

Abgesehen davon, dass es nicht möglich ist, ein Geburtsdatum für eine Jugend-Szene festzulegen, so kann es grundsätzlich auch nicht möglich sein, ein Todes-datum vorzugeben, oft geschieht dies daher nur im Rückblick – aber um einen Untergang zu prognostizieren, dafür reicht es!

So fiel die Jugend-Szene der Skinheads nicht vom Himmel, sondern entwickelte sich über verschiedene Stränge. Folglich wird allgemein das Jahr 1969 als Ge-burtsstunde anerkannt, als zum ersten mal das Wort »*Skinhead*« für die damals neue Jugend-Szene in der britischen Presse gebräuchlich wurde.

Das Werk „Skinheads und die Gesellschaftliche Rechte"[309] schließt mit der of-fenen Frage, wie sich die Jugend-Szene der Skinheads in Zukunft entwickeln wird. Grundsätzlich wurde hierbei die Frage untersucht, ob durch die Entstehung der »*Gesellschaftlichen Rechten*«, die politische Rechte weiterhin auf den Stil und das Selbstbild der Skinheads zurückgreifen würde. Gerade am Beispiel von szenerelevanter Musik selbsternannter rechter Skinheads wurde gezeigt, dass die Gesellschaftliche Rechte vermehrt auf Distanz zur Skinhead-Szene geht und über die prognostizierte Entwicklung derselben, wird dieser Trend weiter zu-nehmen. Abschließend wurde die Frage gestellt, wie sich diese Entwicklung auf die Skinhead-Szene selbst auswirken würde, denn nun hätte diese erneut die Möglichkeit sich ihres „*bösen Zwillingsbruders*"[310] zu entledigen. Andererseits würde somit das *böse Buben-Image* entfallen, welches für den Skinheadstil eine zentrale Bedeutung darstellt. Es fehlt somit die vermeintlich falsche Interpretati-on rechter Strukturen und die wichtige Provokation – was bedeutet das in Zu-kunft für die Jugend-Szene der Skinheads? Auf diese Frage wurde keine ausrei-chende Antwort im erwähnten Werk gegeben, welche daher an dieser Stelle fol-gen soll; wird die Skinhead-Szene einen neuen Sonnenaufgang, „*Dawning of a new era*"[311], und einen weiteren bahnbrechenden Schritt im menschlichen Da-

---

[309] Vgl.: *Lauenburg, Frank*: Skinheads und die Gesellschaftliche Rechte.

[310] Ebenda, S. 100.

[311] *The Specials*: Too much too young. EMI Records 1996, (Dawning of) A new era.

sein markieren können, somit einen neuen „*Skinhead Moonstomp*"[312] und sich daraus die von *Laurel Aitken* prognostizierte „*Skinhead invasion*"[313] einleiten oder bedeutet es den letzten Schritt der Skinheads „*Last of the Skinheads*"[314] und ist das Ende schon lange erreicht „*This is the end... I've got to go now, never come back*"[315]?

Für die Jugend-Szene der Skinheads sind grundsätzlich zwei zentrale Motive zu erwähnen: Erstens der soziale Protest und zweitens die Musik. Die Skinheads in Großbritannien sind eine Synthese aus schwarzen »*Rude Boys*« und weißen »*(Hard-) Mods*«. Wichtig hierbei war die gefühlte Verbundenheit zur Arbeiterklasse. Die scheinbaren Möglichkeiten des sozialen Aufstieges wurden von den unteren sozialen Schichten gerne wahrgenommen, nur erreichte nicht jeder den erwünschten Standard; oft wurden die Hoffnungen schneller enttäuscht, als sie zuvor geweckt waren. Die Kinder dieser enttäuschten Träumer kehrten diesen Glauben erneut um und fanden sich nicht nur mit ihrer Herkunft ab, sondern glorifizierten auch den Stolz, den sie hieraus entwickelten.

Neben der *Fremdstigmatisierung von außen* und der *bewussten Selbststigmatisierung von innen*, rundeten die *sozialen Unruhen* das szenespezifische Bild in Großbritannien ab. Diesen sozialen Protest hat es in Deutschland in solchen Ausmaßen nie gegeben. So war die deutsche Skinhead-Szene mehrheitlich eine Kopie des britischen Vorbildes – die sozialen Probleme spielten wenig bis keine Rolle.

Die Synthese aus den jamaikanischen Rude Boys und den britischen (Hard-) Mods überrascht viele Beobachter – jedoch lässt diese sich über die Musik erklären. Der damals noch junge jamaikanische »*Ska*« galt in gängigen musikalischen Kreisen als zu unprofessionell und wurde mehrheitlich gemieden. Die einzigen, die ihn zur Genüge konsumierten waren die meist in Gangs zusammengerotteten Kinder der Einwanderer aus Jamaika, die Rude Boys. Und schnell griff auch die neue Jugend-Szene der Skinheads zu, da alle anderen Stile von konkurrierenden Jugendgruppen besetzt waren. Die Rudies hingegen legten ein ähnliches Revierverhalten an den Tag und entstammten ebenso der Arbeiterklasse – so entstand kurz gefasst die Jugend-Szene der Skinheads und die musikalische Präferenz war zementiert.

---

[312] *Symarip*: o.A. 1969, Skinhead Moonstomp. [neu aufgelegt bei: Trojan Skinhead Reggae Box Set (Sampler): Sanctuary Records 2002, Skinhead Moonstomp.]

[313] *Aitken, Laurel*: The Pama Years – The Legendary Godfather of Ska Volume 1. Grover Records 1998, Apollo 12. [ursprünglich: *Aitken, Laurel*: unreleased B-side of Newbeat NB 048 1969, Apollo 12.]

[314] *Dread, Judge*: Last of the skinheads. Captain Mod Records 2002. [ursprünglich: *Dread, Judge*: Last of the skinheads. Cactus Label 1976.]

[315] *Bad Manners*: Heavy Petting. Moon Ska-Records 1997, Go.

Who is who of ska?

Heute, vierzig Jahre danach, sehen die Verhältnisse anders aus. Über die Einflüsse des »*Punk*« wuchs den Skinheads eine zweite Wurzel und somit war um 1978 ein »*Revival*« erreicht. Gleichzeitig wurde »*Oi!*« geboren und veränderte damit nicht nur die musikalischen Vorlieben, sondern auch den gesamten Skinheadstil. Diese Tendenzen, aber auch das Abdriften der Szene in politisch rechte und linke Richtungen, förderten die Rückbesinnung auf die Ursprünge und damit den »*Spirit of `69*«; folglich standen erneut traditionelle Ausrichtungen im Fokus – Ska-Legenden erlebten ein Comeback und neue Bands versuchten deren Stile nachzuahmen. Wer sind aber diese Ska-Heroen von damals und wie ist es um diese heute bestellt?

„*Now it's time to go, here are a few names, we maybe know; some of the greatest names in reggae-music, when we were skins. Here we go: Toots And The Maytales, Laurel Aitken, Desmond Dekker, Harry J and The Allstars, The Pioneers, The Ethiopians, Bob and Marcia, The Rudies, The Symarips, Dave and Ansel Collins. Ladies and gentlemen, boys and girls [...] thank you everybody who goes out and buys this album.*"[316] Mit diesen Worten beendete der Musiker *Judge Dread* sein Punk-Reggae Album von 1976, das auch musikalisch das Skinhead-Revival einleitete.

Alexander Minto Hughes, eben besser bekannt als der Künstler *Judge Dread*, wurde am 2. Mai 1945 in Kent England geboren, wobei auch Angaben von 1942 und 1948 kursieren. Er, oft als „*King of Rudeness*" bezeichnet, war der erste weiße Musiker, der in Jamaika einen Ska-Hit landete. Seine Texte zeichneten sich meist durch einen freizügigen, oft auch ironischen Umgang mit der Sexualität aus. Sein Titel „Bring back the skins" von 1976 symbolisierte auch musikalisch das Aufkommen der neuen Skinheads. Zum Ska kam er über seine Tätigkeit als Einlasser in diversen Clubs und seine Bekanntschaft mit *Derrick Morgan* und *Prince Buster*, von letzterem entlehnte er auch seinen Künstlernamen, nach *Buster*s Hit aus dem Jahre 1967; *Judge Dread* war ein gefürchteter jamaikanischer Blutrichter aus dem 18. Jahrhundert. Seinen ersten Hit hatte er 1972 mit „Big Six", nachdem *Prince Buster* drei Jahre zuvor mit „Big Five" einen Hit landete. Er starb jedoch schon am 12. März 1998 während eines Konzerts auf der Bühne im Penny Theatre in Canterbury im Alter von 53 Jahren (?) an einem Herzanfall.

Eine zentrale Ska-Legende ist *Frederick „Toots" Hibbert* (geboren 1946 in Maypen Jamaika), er nimmt aktuell trotz seines hohen Alters noch die Strapazen weltweiter Tourneen auf sich. 1962 gründete er in Kingston mit seinen zwei Freunden *Nathaniel Jerry McCarthy* und *Henry Raleigh Gordon* die Band *The*

---

[316] *Dread, Judge*: Last of the skinheads. Captain Mod Records 2002, Bring back the skins (Reprise). [ursprünglich: *Dread, Judge*: Last of the skinheads. Cactus Label 1976, Bring back the skins (Reprise).]

Maytals, die sich später in *Toots And The Maytals* umbenannte. Der 2004 verstorbene *Sir Coxsone Dodd* produzierte die ersten Singles in den berühmten *Studio One*-Studios, darunter „Hallelujah" und „Six and seven books of Moses"; wie die Texte zeigen verstand sich *Toots* von Anfang an als Prediger. 1965 arbeiteten *The Maytals* für ihre zweite LP mit dem Produzenten *Byron Lee* und *Prince Buster* zusammen. 1966 gewann die Band ein Song Festival in Jamaika mit „Bam Bam". Beinahe gleichzeitig landet der Sänger *Toots* wegen Marihuana-Besitzes für ein halbes Jahr im Gefängnis und komponiert in dieser Zeit die größten Banderfolge „Monkey Man" und „54-46 That's my number", letzterer bezeichnete die Nummer seiner Gefängnisuniform. Mit ihrem Hit „Do the reggay" von 1968 führten sie den Begriff *Reggae* in den allgemeinen Sprachgebrauch ein. In den 1970er Jahren spielten sie unter anderem, wenn auch nur mit mäßigem Erfolg, als Vorband von *The Who*. Seit den 1980er Jahren tourte *Toots* zwar noch mit seiner Band, arbeitete im Studio jedoch nur noch allein. Das Coveralbum „Toots in Memphis" 1988 von *Sly & Robbie* produziert, erhaschte eine Grammy-Nominierung als Reggae-Album des Jahres. Dies steigerte den Erfolg von *Toots*, so erreichte er die gleiche Nominierung zehn Jahre später mit „Skafather" und 2004 mit „True Love" in der Kategorie des Besten Reggae-Albums.

Der englische Plattenfirmenchef *Gaz Mayall*, der gleichzeitig eine Ska-Koryphäe war, bezeichnete *Laurel Aitken* Mitte der Achtziger Jahre in Anerkennung für dessen Verdienste in der Entwicklung der Ska-Musik als *Godfather of Ska* und seit dieser Zeit trug er diesen inoffiziellen Titel. *Aitken* war 1927 in Kuba geboren. 1938 emigrierten seine Familie nach West-Kingston Jamaika. In den 1950er Jahre erfuhr er seine ersten musikalischen Erfolge mit der Single „Little Sheila/ Boogie In My Bones", dieser Hit von 1959 gilt heute als erste Ska-Single überhaupt. In den 1960ern wanderte er dann nach England aus. Noch bis in das Jahr 2003, im Alter von 76 Jahren, verausgabte er sich bei Live-Konzerten mit bis zu 90 Minuten Länge, hierbei erlitt er ebenfalls 2003 eine doppelseitige Lungenentzündung. Trotz alledem trat er 2005 mit den *Selecters* und *The Riffs* erneut auf. Am 17. Juli 2005 erlag er jedoch im Glenfield Hospital in Leicester einer Herzattacke.

1942 wurde *Desmond Dacres* in Jamaika geboren, wo er zunächst seine Kindheit verbrachte und ebenso wie *Bob Marley* als Schweißer in Kingston arbeitete. Mit 19 Jahre lernte er seinen späteren Mentor und Plattenproduzenten *Leslie Kong* kennen, der den jungen Musiker mit Begeisterung förderte. Und knapp zwei Jahre später wurde Dacres unter dem Namen *Desmond Dekker* mit seiner ersten Hitsingle „Honor your father and mother" bekannt. Mit seinem Hit „Rock Steady" gab er auch dieser Musikrichtung jahrelang ihren Namen. Mit „Israelites" kam er 1969 als erster jamaikanischer Musiker an die Spitze der englischen Charts und ließ sich dann auch in England nieder, wo er regelmäßig in diversen Clubs auftrat. An seine großen Erfolge konnte er nicht mehr anknüpfen und ging so in den achtziger Jahren bankrott. Trotz alledem ließ er sich lange Zeit nicht unterkriegen und tourte weiter. Er starb überraschend am 25. Mai 2006 an einem Herzinfarkt.

Bereits als Schüler spielte *Harry Johnson* in einer Band und arbeitete später als Versicherungsvertreter. 1968 produzierte er seine ersten Aufnahmen. Das Album „Liquidator" mit dem gleichnamigen Hit, welches ein Jahr später mit den *Harry J and The Allstars* aufgenommen wurde, wurde auch international erfolgreich. Seinen zweiten internationalen Hit landete er zusammen mit *Bob and Marcia* („Young, gifted and black"). Danach war er selbst weniger musikalisch aktiv, produzierte jedoch noch weitere Künstler, wie *Bob Marley*.

The Pioneers war das 1962 gegründete jamaikanische Gesangstrio um *Sydney Crooks*, *Derrick Crooks* und *Glen Adams*. Unter anderem hatten sie 1968 Hits mit „Gimme little loving" und „Long shot". Anfang der 1970er Jahre siedelten sie nach Großbritannien über, jedoch lösten sie sich 1973 vorübergehend auf, weitere Neugründungen und Auflösungen sollten folgen.

The Ethiopians (Jahrgänge 1944/45) sangen als erste jamaikanische Gruppe von der Rückkehr nach Afrika, so wandelte sich ihr Stil vom Ska über Rocksteady eben zum religiösen *Roots Reggae*. Ihr „Train to Skaville" wurde 1967 ein riesiger Hit, es folgten „Engine 54", „The Whip" und „Train to glory". 1975 starb das Bandmitglied *Stephen Taylor* bei einem Autounfall, während folgende Alben mit neuen Sängern produziert wurden und sich inhaltlich weiter am *Roots Reggae* und *Rastafari-Kult* orientierten.

Marcia Griffiths (geboren 1954), die einige Songs zusammen mit *Bob Andy*, als *Bob and Marcia* aufnahm ist die bisher beständigste und erfolgreichste Reggae-Sängerin Jamaikas. Schon vor ihrem zehnten Geburtstag bemühten sich Produzenten wie *Clement Seymour Sir Coxsone Dodd* oder *Byron Striker Lee* um die Unterschrift ihres Vaters unter einen Plattenvertrag. 1968 hatte sie ihren ersten Hit mit „Feel like jumping". Ihr von *Harry Johnson* produzierter Hit „Young, gifet and black" war ihr großer Einstand, gefolgt von „Pied Piper" 1970/71 welcher ebenfalls in den britischen Charts landete. Ab 1973 sang sie als Background-Sängerin für *Bob Marley*, was ihre Popularität erheblich steigern sollte, so trägt sie heute den inoffiziellen Titel der *Queen of Reggae*.

Die *Pyramids* waren eine siebenköpfige britische Band, die als Popgruppe begann, sich Ende der sechziger Jahre jedoch mehr und mehr dem *Ska* und *Rocksteady* zuwandten. Die Band wurde schnell wieder aufgelöst, jedoch tauchten einige der ehemaligen Mitglieder ab 1969 unter dem Namen *Symarip* (*Pyramids* rückwärts) erneut auf und hatten mit der Coverversion von *Derrick Morgans* „Moon Hop" als „Skinhead Moon Stomp" ihren wohl größten Hit.

Ansel Collins begann seine Karriere in den sechziger Jahren als Schlagzeuger und Sänger, bevor er als Keyboarder für *Clement Seymour Sir Coxsone Dodd*, *Bunny Striker Lee*, *Leslie Kong*, *Lee Scratch Perry*, *Phil Pratt* und *Brince Buster* wirkte. Später arbeitete er mit seinem Bruder *Dave Barker* im Duo *Dave and Ansel Collins*. Ihr erster Hit wurde 1971 „Double Barrel", welches auch der erste Nummer eins Hit von *Trojan Records* und zur Hymne des FC Chelsea wurde, doch trennte sich das Duo bereits 1975 wieder und beide arbeiteten in anderen Formationen weiter. 1981 gab es noch einmal eine kurze Reunion des Duos. Neben dem Gottvater ist auch namentlich ein Prinz zu erwähnen – *Prince Buster*. Er wurde am 28. Mai 1938 in Kingston Jamaika unter dem Namen *Cecil Bustamente Campbell* geboren. Seine beruflichen Aussichten als Schienenarbeiter waren wenig erfolgversprechend, deshalb versucht er die aufgestauten Aggressionen bei Boxkämpfen abzubauen. So mischte er bei den damals alltäglichen Straßenkämpfen der Rude Boys gerne mit und erhielt damit schnell den Spitznamen Prince. Ab den 1960er Jahren begann er Musik aufzunehmen und landete mit seinem „Al Capone" als erster in Jamaika aufgenommener Song in den britischen Top 20. Er selbst sah sich als Begründer des Ska und wurde daher besonders von den Mods verehrt. Nachdem er 1964 sein Idol Muhamed Ali auf einer Englandtournee kennen lernte, konvertierte auch *Prince Buster* zum Islam und engagierte sich zunehmend für die »*Black Power*« Bewegung. In den 1970er Jahren zog er sich aus dem Musikgeschäft zurück

Im Jahre 1961 gelang es einem einzigen Musiker, die ersten sieben Plätze in den jamaikanischen Charts für sich zu belegen – *Derrick Morgan*. Er wurde am 27. März 1940 in Clarendon auf Jamaika geboren. Ende der 1950er Jahre war Morgan als „Mr. Skinhead-Reggae" einer der Begründer des Ska und späterer Lehrer von *Bob Marley*. Auch er arbeitete mit *Leslie Kong* zusammen. „Houswifes' Choice", das im Jahr 1962 aufgenommene Duett mit *Patsy Todd*, wurde sein vielleicht größter Erfolg; der Song sorgte auch in England für Aufmerksamkeit. *Patsy*, mit der er noch weitere Lieder aufnahm, wurde später seine Frau. Sein „Moon Hop" von 1969 wurde ein großer Hit in der Skinhead-Szene in England; beschrieb er damit doch gleichzeitig die gesellschaftlichen Gedanken der Endsechzigerjahre. Dieses Lied wurde noch im gleichen Jahr von den *Symarip* als „Skinhead Moonstomp" gecovert. 1976 wurde *Derrick Morgan*, der sein Leben lang unter Nachtblindheit litt, Retinitis Pigmentosa, eine Pigmententartung der Netzhaut, diagnostiziert. Heute ist er erblindet, tourt jedoch noch gelegentlich durch Europa und die Vereinigten Staaten von Amerika.

1977/ 78 gründete sich nach diversen Umbesetzungen die Band *Madness*. Zwischenzeitlich waren sie zwar unter dem Namen *Morris and the Minors* unterwegs, jedoch blieb am Ende die Bezeichnung *Madness*, nach einem Hit von *Prince Buster*, bestehen. So erschien auch 1979 ihre Debütsingle „The Prince" als Widmung für denselben. Einige Trennungen, so zum Beispiel 1986, und spätere Wiedervereinigungen, so auch 1992 beim „Madstock"-Festival, folgten. Im Jahr 2005 wurde bekannt, dass *Madness* mit dem Label V2 einen Deal über ein Album abgeschlossen hatten. Nach kleineren Terminverschiebungen erschien Anfang August „The Dangermen Sessions", ein in Originalbesetzung eingespieltes Album mit Coverversionen von Ska- und Reggaeklassikern – doch auch diese Mitglieder befinden sich jenseits der 40.

1977 gründete sich die Band *The Coventry Automatics*. Im März 1979 veröffentlichen sie unter ihrem neuen Namen *The Specials* ihre erste aufgenommene

Split-Single „Gangsters", die B-Seite belegten *The Selecters*, eine Neuinterpretation des `64er *Prince Buster* Klassikers „Al Capone". Diese wurde auf dem damals neu gegründeten »*2-Tone*-Label« veröffentlicht, wodurch dieses Label mit Bands wie *The Specials*, *Madness* und *The Selecters* namensgebend für die folgende musikalische Epoche wurde. Ihr Debutalbum, welches *Elvis Costello* mitproduzierte, war ein riesiger Erfolg, ebenso erreichten sie mehrere Top Ten Hits. Einerseits wirkte der Wechsel von *Madness* nach ihrer ersten Single zum Majorlabel Stiff wenig positiv, aber auch der stilistisch musikalische Wechsel der *Specials* zum poppig-jazzigen Sound auf ihrem „More Specials" Album verschreckte viele ihrer Ska-Fans. Trotz alledem erreichten sie 1981 mit ihrer Single „Ghost Town", die eine musikalische Darstellung der Rassenunruhen der 1980er Jahre in England symbolisierte, ihren größten Erfolg; kurz darauf lösten sich *The Specials* erstmalig auf, während später folgende Neuformationen keiner weiteren Erwähnung wert sind.

Wer über *Bad Manners* redet, die Band gründete sich 1976, meint eigentlich nur ihren Frontmann *Buster Bloodvessel*. Mit seinen lange Zeit unübersehbaren knapp 140kg Lebendgewicht und der oft erstaunlich sanften Stimme zählt er zu den Urgestalten der Skinheadszene. *Buster* betrieb längere Zeit das Hotel „Fatty Towers" im englischen Margate, speziell für übergewichtige Menschen. Im Mai 2004 unterzog er sich selbst einer Magenoperation, die ihm bei seiner Gewichtsabnahme helfen sollte – mit Erfolg. Am 18. Februar 2006 traten die *Bad Manners* im Rostocker Independentclub Mau auf, der Club warb für diesen Gig wie folgt: „*Fast schon traditionell ist ein Besuch eines internationalen Ska/ Reggae Topacts zu Beginn des Jahres im Mau Club. Nach Laurel Aitken, Desmond Dekker und The Wailers gibt sich nun die britische Skalegende Bad Manners die Ehre. Ob man es glaubt oder nicht, es scheint, als sei den Bad Manners eine Last von den Schultern gefallen: nie hat es zumindest in den letzten 15 Jahren eine frischere und agilere Version der Bad Manners gegeben! Alle die großen Hits (15 mal in den Charts der UK!) gibt es wieder und es ist schön einen unbeschwerten Buster Bloodvessel zu sehen, der vor einer top eingespielten Band wieder sein bestes geben kann.*"[317] Der Gewichtsverlust lässt *Buster* jedoch krank erscheinen und auch der Zahn der Zeit nagt an ihm. So leistete die Band zwar einen spektakulären 90-minütigen Auftritt, doch wurde dieser durch einige Instrumentals unterbrochen, bei denen *Buster* die Bühne verließ – auch er wird nicht jünger.

No Future?

Judge Dread – tot. *Toots And The Maytals* – stark religiös geprägt produzieren sie heute nichts neues mehr gemeinsam. *Laurel Aitken* – tot. *Desmond Dekker* –

---

[317] www.mauclub.de. [Stand: 18. Februar 2006.]

tot. *Harry Johnson* – schon lange nicht mehr musikalisch aktiv. *The Pioneers* – Anfang der 1970er Jahre erstmalig aufgelöst. *The Ethiopians* – religiös am Roots Reggae und Rastafari-Kult orientiert. *Bob and Marcia* – arbeiten beide lange nicht mehr zusammen und selbst *Marcia* hat heute musikalisch wenig mit Ska oder Reggae gemeinsam. *Symarip* – hatten nie wirklich mehr zu bieten als ihren „Skinhead Moon Stomp". *Dave and Ansel Collins* – seit spätestens Mitte der 1970er Jahre bedeutungslos. *Prince Buster* – seit den 1970er Jahren nicht mehr im musikalischen Geschäft. *Derrick Morgan* – weit über sechzig Jahre alt und heute blind. *Madness* – aufgelöst spielen sie höchstens noch ihre alten Songs neu ein. *The Specials* und *The Selecters* – wandelten ihren musikalischen Stil stark und verschwanden schnell wieder in der Bedeutungslosigkeit. *Buster Bloodvessel* – wird auch nicht jünger und seine Gesundheit scheint weiter unter seinem (einstigen) Übergewicht zu leiden.

Noch leben einige der Ska-Heroen von einst, doch hinterlässt die Zeit auch ihre Spuren an musikalischen Legenden. Bemerkenswert scheint die Liebe zur Musik – trotz des rüstigen Alters stehen einige noch auf der Bühne, aber auch sie werden irgendwann aus dem Leben scheiden. Neben dem sozialen Protest in Großbritannien ist der Ska das verbindenden Element der Skinhead-Szene und wirkt in der Rückschau wie ein großer Zufall. Der Ska wurde jedoch nur von den Rude Boys übernommen – er war keine Neuentwicklung der Skinheads. So machte sich Ende der 60er Jahre ein kleines Zeitfenster auf und der »*Skinhead-Reggae*« war geboren.[318]

Da die neue Jugend-Szene der Skinheads den Ska schnell ebenso frenetisch feierte, wie die Rudies selbst, wurden viele der Westinder auch Skinheads – so entstanden Skinheadklassiker vom Kubaner *Laurel Aitken*, vom Jamaikaner *Derrick Morgan* und anderen britischen Einwanderern. Bald wandten sich die Westinder jedoch religiösen Themen, dem Kampf gegen den Kolonialismus und gegen die Unterdrückung der Schwarzen zu – dies lässt sich zwar musikalisch noch unter dem Begriff des Ska oder Reggae fassen, ist jedoch eindeutig vom Skinhead-Reggae abzugrenzen. So schloss sich das Zeitfenster von 1969/70 und die beiden Entwicklungsstränge, der schwarze jamaikanische und der weiße britische, drifteten wieder auseinander; der Skinhead lebte jedoch in der Tradition dieses Knotenpunktes, nun aber, bis Mitte der 1970er Jahre, wieder ohne neue eigene musikalische Impulse.

Später gab es auch andere erfolgreiche Ska- und Reggae-Musiker, wie zum Beispiel *Bob Marley*, und auch heute noch gibt es nennenswerte Skabands, doch all diese haben das markante Zeitfenster nicht miterleben dürfen. So gibt es zwar neuen Ska, aber eben keinen Skinhead-Reggae; es fehlt somit das Skinheadmoment im Ska. Auf diverse Nachfragen Ende 2006 bei bekannten deutschen Skabands nach ihrer szenespezifischen Zugehörigkeit antworteten die Mitglieder von *Skaos, Alpha Boy School, Sondaschule, The Special Guests, Skafield, K-*

---

[318] Vgl.: *Lauenburg, Frank*: Jugendszenen und Authentizität.

Mob, Skapunk, El Bosso und die Ping Pongs und *Dr. Woogle* mit einem klaren nein – weder wären sie eine Skinheadband, noch wäre eines ihrer Mitglieder ein Skinhead. Die Jungs der *Court Jester's Crew*, die sich 2003 auflösten, teilweise jedoch in die Gruppe *Soulfood International* übergingen, meinten immerhin drei von ihnen waren noch vor knapp zehn Jahren selbst Skinheads. Und bei Bands wie *Maskapone, Sir Henry Morgan Buccaneers* und *Frau Doktor* zählt sich auch heute noch ein Teil der Gruppe zu den Skinheads. Viele, so im Speziellen die Gruppe *Bluekilla*, äußerten sich auf die Anfragen wie folgt: Sie selbst wären keine Skinheads und damit auch keine Skinheadband, jedoch tauchten bei ihren Veranstaltungen sehr oft Skinheads auf, mit denen dann gerne gefeiert wird – die Sympathie ist somit meist vorhanden, es fehlt jedoch eine zentrale Anknüpfung. Für die Skinhead-Szene selbst fehlen damit die neuen Impulse, sie kann nur in den Erinnerungen der alten Zeit schwelgen. In der Folge erscheint es unrealistisch, dass es, mit dem zu erwartenden Ableben der letzten Helden des Skinhead-Reggae, einen neuen Schub für die Skinheads geben wird.

Es bleib somit für die Jugend-Szene der Skinheads nichts traditionelles übrig. Erstens gab es den sozialen Protest nur in Großbritannien, in diesem Maße ist er aber auch da nicht mehr aktuell. Zweitens fehlt über die Ausdifferenzierung der Gesellschaftlichen Rechten die glaubwürdige (politische) Provokation und drittens fehlt mit dem Ableben und zunehmenden Alter der musikalischen Helden das letzte zentrale integrative Element der Skinhead-Szene. Der Stil der Skinheads hat lange Zeit überlebt, doch jetzt scheint er sich dem Ende zuzuneigen; kein neuer *Sonnenaufgang* und keine neue *Skinheadinvasion*, in der Zukunft erwartet uns wohl eher das *Ende der Skinheads* und eine erneute Rückkehr erscheint unwahrscheinlich.

V. Literatur- und Quellenverzeichnis

1. Quellen

1.1. Musikquellen

Aitken, Laurel: The Pama Years – The Legendary Godfather of Ska Volume 1. Grover Records 1998, Apollo 12. [ursprünglich: Ders.: unreleased B-side of Newbeat NB 048 1969, Apollo 12.]

Ders.: The pioneer of jamaican music. Sunbeam music 1999.

Bad Manners: Heavy Petting. Moon Ska-Records 1997, Go.

Dread, Judge: Last of the skinheads. Captain Mod Records 2002. [ursprünglich: Ders.: Last of the skinheads. Cactus Label 1976.]

Ders.: Last of the skinheads. Captain Mod Records 2002, Bring back the skins (Reprise). [ursprünglich: Ders.: Last of the skinheads. Cactus Label 1976, Bring back the skins (Reprise).]

Symarip: o.A. 1969, Skinhead Moonstomp.

The Moonstompers: Ska & Reggae Collection. Hallmark 2002.

The Specials: Too much too young. EMI Records 1996, (Dawning of) A new era.

Trojan Production (Sampler): Skinhead Reggae – Box Set. Sanctuary Records 2002.

1.2. Filmquellen

Farin, Klaus; Fromm, Rainer: Skinheads. Sunny Bastards Films 2004.

Roddam, Franc: Quadrophenia. Universal Pictures Limited 1999.

Schweizer, Daniel: Skinhead Attitude. Sunny Bastards Films 2003.

1.3. Internetquellen

www.mauclub.de. [Stand: 18. Februar 2006.]

http://www.grover.de. [Stand: 11. Juli 2008.]

http://www.jugendszenen.com.

http://www.jugendszenen.com/skinheads/detail.php?nr=1759. [Stand: 13. Juli 2008.]

Lauenburg, Frank: „DAWNING OF A NEW ERA" and „SKINHEAD MOON-STOMP" or „LAST OF THE SKINHEADS" and „THIS IS THE END...I'VE GOT TO GO NOW, NEVER COME BACK" – Zukunftsaussichten für die Jugendsubkultur der Skinheads. [http://www.jugendszenen.com/media/docman/zukunft_der_skinheads.pdf; Stand 11. Juli 2008.]

http://www.moskito-mailorder.com. [Stand: 11. Juli 2008.]

http://www.oi-punk.com/shop/catalog. [Stand: 11. Juli 2008.]

2. Literatur

2.1. Monographien und Sammelbände

Agentur für soziale Perspektiven – asp e.V. (Hrsg.): Versteckspiel – Lifestyle, Symbole und Codes von neonazistischen und extrem rechten Gruppen. Berlin 2005.

Allen, Richard: Skinhead – Limitierte deutschsprachige Ausgabe. Dunoon (Schottland) 1994.

Annas, Max: Diktatur und Alltag – Bilder aus der Heimat. In: *Annas, Max; Christoph, Ralph* (Hrsg.): Neue Soundtracks, S. 71-85.

Annas, Max; Christoph, Ralph: Karriere in Deutschland – Herbert Egoldt und Rock-O-Rama. In: *Baacke, Dieter* [u.a.] (Hrsg.): Rock von Rechts, S. 147-152.

Dies. (Hrsg.): Neue Soundtracks für den Volksempfänger – Nazirock, Jugend-kultur und rechter Mainstream, 2. Auflage. Berlin 1993.

Archiv der Jugendkulturen e.V.: Flyer. Stand: 15. September 2005.

Archiv der Jugendkulturen (Hrsg.): Reaktionäre Rebellen – Rechtsextreme Mu-sik in Deutschland. Berlin 2001.

Assmann, Aleida: Einführung in die Kulturwissenschaft – Grundbegriffe, The-men, Fragestellungen. Berlin 2006.

Baacke, Dieter: Jugend und Jugendkulturen – Darstellung und Deutung, 4. Auf-lage. München, Weinheim 2004.

Ders.: Jugend und Subkultur. München 1972.

Ders.: Ortlos – orientierungslos – Verschiebungen in jugendkulturellen Milieus. In: *Baacke, Dieter; Farin, Klaus; Lauffer, Jürgen* (Hrsg.): Rock von Rechts II, S. 84-104.

Baacke, Dieter [u.a.] (Hrsg.): Rock von Rechts. Bielefeld 1994.

Baacke, Dieter; Farin, Klaus; Lauffer, Jürgen (Hrsg.): Rock von Rechts II – Milieus, Hintergründe und Materialien. Bielefeld 1999.

Beck, Ulrich: Risikogesellschaft – Auf dem Weg in eine andere Moderne. Frankfurt/ Main 1986.

Beck, Ulrich; Giddens, Anthony; Lash, Scott: Reflexive Modernisierung – Eine Kontroverse. Frankfurt/ Main 1996.

Becker, Helmut; May, Michael: Unterschiedliche soziale Milieus von Jugendlichen in ihrer Konstitution von Sozialräumen – Zur Entwicklung einer dialektisch-materialistischen Perspektive innerhalb der sozialökologischen Jugendforschung. In: *Lindner, Rolf; Wiebe, Hans-Hermann* (Hrsg.): Verborgen im Licht, S. 154-183.

Bell, Robert R.: Die Teilkultur der Jugendlichen. In: *Friedeburg, Ludwig von* (Hrsg.): Jugend, S. 83-86.

Berger, Hartwig [u.a.] (Hrsg.): Jugendkultur als Widerstand – Milieus, Rituale, Provokationen, 2. Auflage. Frankfurt/ Main 1981.

Bratfisch, Rainer: Das große Reggae-Lexikon – Rastas, Riddims, Roots & Reggae: Vom Ska bis zum Dancehall – Die Musik, die aus Jamaika kam. Berlin 2003.

Brake, Mike: Soziologie der jugendlichen Subkulturen – Eine Einführung. Frankfurt/ Main 1981.

Bredel, Holger: Skinheads – Gefahr von rechts? Berlin 2002.

Bundesamt für Verfassungsschutz (Hrsg.): Symbole und Zeichen der Rechtsextremisten. Köln 2006.

Bundesverband der Jungsozialistinnen und Jungsozialisten in der SPD (Hrsg.): Handbuch Rechtsextremismus. Münster [2000].

Dies.: Rechter Terror – Eine unvollständige Chronik des (Er-) Schreckens. In: Dies. (Hrsg.): Handbuch Rechtsextremismus, S. 152-157.

Büsser, Martin: If the kids are united – Von Punk zu Hardcore und zurück, 7. Auflage. Mainz 2006.

Christoph, Ralph: Hitler's back in the charts again. In: *Annas, Max; Christoph, Ralph* (Hrsg.): Neue Soundtracks, S. 111-120.

Clarke, John: Die Skinheads und die magische Rückgewinnung der Gemeinschaft. In: *Berger, Hartwig* [u.a.] (Hrsg.): Jugendkultur als Widerstand, S. 171-175.

Ders. [u.a.]: Subkulturen, Kulturen und Klasse. In: *Berger, Hartwig* [u.a.]: Jugendkultur als Widerstand, S. 39-131.

Colegrave, Stephen; Sullivan, Chris: Punk. München 2005.

Diederichsen, Diedrich; Hebdige, Dick; Marx, Olaph-Dante (Hrsg.): Schocker – Stile und Moden der Subkultur. Reinbek 1983.

Dittmann, Arvid: Die Bands und ihre Veröffentlichungen. In: *Archiv der Jugendkulturen* (Hrsg.): Reaktionäre Rebellen, S. 183-249.

Dornbusch, Christian; Raabe, Jan (Hrsg.): RechtsRock – Bestandsaufnahme und Gegenstrategien. Münster 2002.

Dies.: 20 Jahre RechtsRock – Vom Skinhead-Rock zur Alltagskultur. In: Dies. (Hrsg.): RechtsRock, S. 19-50.

Eberwein, Markus; Drexler, Josef: Skinheads in Deutschland – Interviews, 5. unveränderte Auflage. Augsburg 2003.

Eisenstadt, Samuel Noah: Altersgruppen und Sozialstruktur. In: *Friedeburg, Ludwig von* (Hrsg.): Jugend, S. 49-81.

Elkin, Frederick; Westley, William A.: Der Mythos von der Teilkultur der Jugendlichen. In: *Friedeburg, Ludwig von* (Hrsg.): Jugend, S. 99-106.

El-Nawab, Susanne: „Du musst dich halt echt behaupten." – Mädchen und junge Frauen in der Skinhead- und Rockabilly-Szene. In: *Rohmann, Gabriele* (Hrsg.): Krasse Töchter – Mädchen in Jugendkulturen. Berlin 2007, S. 106-122.

Dies.: Skinheads – Ästhetik und Gewalt. Frankfurt/ Main 2001.

Dies.: Skinheads, Gothics, Rockabillies – Gewalt, Tod & Rock'n'Roll. Berlin 2007.

Erb, Rainer: „Er ist kein Mensch, er ist ein Jud'" – Antisemitismus im Rechtsrock. In: *Baacke, Dieter; Farin, Klaus; Lauffer, Jürgen* (Hrsg.): Rock von Rechts II, S. 142-159.

Farin, Klaus: „Das Gefühl genießen, gehaßt zu werden" – Skinheads. In: *Farin, Klaus; Neubauer, Hendrik* (Hrsg.): Artificial Tribes, S. 62-95.

Ders. (Hrsg.): Die Skins – Mythos und Realität, aktualisierte Neuauflage. Bad Tölz 2001.

Ders.: Generation-kick.de – Jugendsubkulturen heute. München 2001.

Ders.: In Walhalla sehen wir uns wieder... – Rechtsrock. In: Ders. (Hrsg.): Die Skins, S. 209-232.

Ders.: Jugendkulturen in Deutschland 1950-1989. Bonn 2006.

Ders.: Jugendkulturen und Jugendszenen – Jugendliche Stammeskulturen in Deutschland. Göttingen 2001.

Ders.: Jugendkulturen zwischen Kommerz und Politik. Bad Tölz 1998.

Farin, Klaus: Reaktionäre Rebellen – Die Geschichte einer Provokation. In: *Baacke, Dieter; Farin, Klaus; Lauffer, Jürgen* (Hrsg.): Rock von Rechts II, S. 12-83.

Ders.: Rechtsrock in Deutschland. In: *Baacke, Dieter* [u.a.] (Hrsg.): Rock von Rechts, S. 141-146.

Ders. (Hrsg.): Skinhead – A Way Of Life – Eine Jugendbewegung stellt sich selbst dar, Neuauflage. Berlin 2005.

Ders.: Urban Rebels – Die Geschichte der Skinheadbewegung. In: Ders. (Hrsg.): Die Skins, S. 9-65.

Farin, Klaus; Flad, Henning: Reaktionäre Rebellen – Rechtsextreme Musik in Deutschland. In: *Archiv der Jugendkulturen* (Hrsg.): Reaktionäre Rebellen, S. 9-92.

Farin, Klaus; Hauswald, Harald: Die Dritte Halbzeit – Fußballfans und Hooligans. Berlin 2002.

Farin, Klaus; Meyer-Guckel, Volker: Artificial Tribes. Jugendliche Stammeskulturen in Deutschland – Einleitung. In: *Farin, Klaus; Neubauer, Hendrik* (Hrsg.): Artificial Tribes, S. 7-29.

Farin, Klaus; Müller, Leo: Die Wendejugend. Hamburg 1984.

Farin, Klaus; Neubauer, Hendrik (Hrsg.): Artificial Tribes – Jugendliche Stammeskulturen in Deutschland. Berlin 2001.

Farin, Klaus; Seidel-Pielen, Eberhard: Krieg in den Städten – Jugendgangs in Deutschland, 6. Auflage. Berlin 1994.

Dies.: Rechtsruck – Rassismus in Deutschland, 1. Auflage. Berlin 1992.

Dies.: Rechtsruck – Rassismus in Deutschland, 4. Auflage. Berlin 1993.

Dies.: Skinheads, 5., neubearbeitete und erweiterte Auflage. München 2002.

Dies.: Skinheads – Lieber mal eine Prügelei als ständige Schleimerei. In: *Stäblein, Ruthard* (Hrsg.): Höflichkeit, S. 99-116.

Flad, Henning: Kleider machen Leute – Rechtsextremismus und Kleidungsstil. In: *Archiv der Jugendkulturen* (Hrsg.): Reaktionäre Rebellen, S. 99-116.

Ders.: Trotz Verbot nicht tot – Ideologieproduktion in den Songs der extremen Rechten. In: *Dornbusch, Christian; Raabe, Jan* (Hrsg.): RechtsRock, S. 91-123.

Friedeburg, Ludwig von (Hrsg.): Jugend in der modernen Gesellschaft, 3. Auflage. Köln, Berlin 1966.

Galenza, Ronald; Havemeister, Heinz (Hrsg.): „Wir wollen immer artig sein..." – Punk, New Wave, Hip Hop, Independent-Szene in der DDR 1980-1986. Berlin 2005.

Gottschalk, Christian: Der Expertenstreit. In: *Annas, Max; Christoph, Ralph* (Hrsg.): Neue Soundtracks, S. 99-109.

Gross, Peter: Die Multioptionsgesellschaft. Frankfurt/ Main 1994.

Grüninger, Christian; Lindemann, Frank; Thier, Michaela: Rechte Bands auf dem deutschen Markt – Überblick und Bewertung. In: *Baacke, Dieter* [u.a.] (Hrsg.): Rock von Rechts, S. 32-123.

Hafeneger, Benno: Rechte Jugendliche – Einstieg und Ausstieg: Sechs biographische Studien. Bielefeld 1993.

Hagemann, Marie: Schwarzer, Wolf, Skin. Regensburg 1993.

Hall, Stuart: Cultural Studies – Ein politisches Theorieprojekt. Ausgewählte Schriften 3. Hamburg 2000.

Hartsch, Edmund: Böhse Onkelz – Danke für nichts, 4. Auflage. Frankfurt/ Main 1997.

Hartwig, Helmut: Jugendkultur – Ästhetische Praxis in der Pubertät. Hamburg 1980.

Hasselbach, Ingo; Bonengel; Winfried: Die Abrechnung – Ein Neonazi steigt aus, 2. Auflage. Berlin 2001.

Häusler, Alexander: Szene, Stil, Subkultur oder Bewegung? In: *Dornbusch, Christian; Raabe, Jan* (Hrsg.): RechtsRock, S. 263-286.

Hebdige, Dick: Die Bedeutung des Mod-Phänomens. In: *Berger, Hartwig* [u.a.] (Hrsg.): Jugendkultur als Widerstand, S. 158-170.

Ders.: Subculture – Die Bedeutung von Stil. In: *Diederichsen, Diedrich; Hebdige, Dick; Marx, Olaph-Dante* (Hrsg.): Schocker, S. 7-120.

Ders.: Versteckspiel im Rampenlicht. In: *Lindner, Rolf; Wiebe, Hans-Hermann* (Hrsg.): Verborgen im Licht, S. 186-205.

Heitmann, Helmut: Die Skinhead-Studie. In: *Farin, Klaus* (Hrsg.): Die Skins, S. 66-92.

Hirseland, Andreas; Fuchs, Stephan: Botschaften rechtsextremer Bands. In: *Baacke, Dieter* [u.a.] (Hrsg.): Rock von Rechts, S. 153-161.

Hitzler, Ronald; Bucher, Thomas; Niederbacher, Arne: Leben in Szenen – Formen jugendlicher Vergemeinschaftung heute, 2., aktualisierte Auflage. Wiesbaden 2005.

Institut der deutschen Wirtschaft (Hrsg.): Deutschland in Zahlen. Köln 2004.

Kersten, Joachim: Die Gewalt der Falschen – Opfermentalität und Aggressionsbereitschaft. In: *Farin, Klaus* (Hrsg.): Die Skins, S. 93-114.

Landesamt für Verfassungsschutz Baden-Württemberg (Hrsg.): Rechtsextremismus. Stuttgart 2006.

Lau, Thomas: Die heiligen Narren – Punk 1976-1986. Berlin 1992.

Lauenburg, Frank: Jugendszenen und Authentizität – Selbstdarstellungen von Mitgliedern aus Jugendszenen und szenebedingte Authentizitätskonflikte, sowie ihre Wirkungen auf das (alltägliche) Szene-Leben. Wien u.a. 2008.

Ders.: Skinheads und die Gesellschaftliche Rechte. Marburg 2006.

Lessing, Hellmut; Liebel, Manfred: Wilde Cliquen – Szenen einer anderen Arbeiterjugendbewegung. Bensheim 1981.

Lévi-Strauss, Claude: Das wilde Denken. Frankfurt/ Main 1973.

Lindemann, Frank: Vom Rock'n Roll zur Skin-Musik. In: *Baacke, Dieter* [u.a.] (Hrsg.): Rock von Rechts, S. 126-140.

Lindner, Rolf: Apropos Stil – Einige Anmerkungen zu einem Trend und seinen Folgen. In: *Lindner, Rolf; Wiebe, Hans-Hermann* (Hrsg.): Verborgen im Licht, S. 206-218.

Ders.: Jugendkultur und Subkultur als soziologische Konzepte – Nachwort. In: *Brake, Mike*: Soziologie der jugendlichen Subkulturen, S. 172-194.

Ders.: Punk. In: Ders. (Hrsg.): Punk-Rock, S. 5-18.

Ders. (Hrsg.): Punk-Rock – Oder: Der vermarktete Aufruhr. Frankfurt/ Main 1978.

Lindner, Rolf; Wiebe, Hans-Hermann (Hrsg.): Verborgen im Licht – Neues zur Jugendfrage. Frankfurt/ Main 1986.

Lutter, Christina; Reisenleitner, Markus: Cultural Sudies – Eine Einführung, 2. unveränderte Auflage. Wien 2005.

Mannheim, Karl: Das Problem der Generationen. In: *Friedeburg, Ludwig von* (Hrsg.): Jugend, S. 23-48.

Marshall, George: Skinhead Nation – Limitierte deutschsprachige Ausgabe. Dunoon (Schottland) 1998.

Ders.: Spirit of '69 – A Skinhead Bible, 2. Auflage. Dunoon (Schottland) 1994.

Ders.: The Two Tone Story. Dunoon (Schottland) 1990.

Martin, Roger: Tod eines Skinheads – Fememord in der französischen Provinz. Frankfurt/ Main 1990.

Menhorn, Christian: Skinheads – Portrait einer Subkultur. Baden-Baden 2001.

Messics, Markus: Skinheads – Antirassisten oder „rechte Schläger"? Münster 2006.

Ministerium für Inneres und Sport Rheinland-Pfalz (Hrsg.): Rechtsextremistische Skinheads. Mainz 2006.

Müller-Thurau, Claus Peter: Lass uns mal `ne Schnecke angraben – Sprache und Sprüche der Jugendszene, 6. Auflage. Düsseldorf, Wien 1986.

Niedersächsisches Ministerium für Inneres und Sport (Hrsg.): Rechtsextremistische Skinheads – Neonazistische Kameradschaften. Hannover 2003.

Pilz, André: No Ilores, mi querida – Weine nicht mein Schatz – Ein Skinhead-Roman. Berlin 2005.

(Roach, Martin): Air Wair Limited. [o.O.] 1999.

Rohmann, Gabriele: Spaßkultur im Widerspruch – Skinheads in Berlin. Bad Tölz 1999.

Savage, Jon: England's Dreaming – Anarchie, Sex Pistols, Punk Rock. Berlin 2003.

Schulze, Gerhard: Die Erlebnisgesellschaft – Kultursoziologie der Gegenwart. Frankfurt/ Main, New York 1992.

Schumann, Frank: Glatzen am Alex – Rechtsextremismus in der DDR. Berlin 1990.

Schwendter, Rolf: Theorie der Subkultur, 4. Auflage. Hamburg 1993.

Searchlinght, Antifaschistisches Infoblatt, Enough is enough, rat (Hrsg.): White Noise – Rechts-Rock, Skinhead-Musik, Blood & Honour – Einblicke in die internationale Neonazi-Musik-Szene, 4. Auflage. Hamburg, Münster 2004.

Seeßlen, Georg: Gesänge zwischen Glatze und Scheitel – Anmerkungen zu den musikalischen Idiomen der RechtsRock-Musik. In: *Dornbusch, Christian; Raabe, Jan* (Hrsg.): RechtsRock, S. 125-144.

Siegler, Bernd: Auferstanden aus Ruinen – Rechtsextremismus in der DDR. Berlin 1991.

Stäblein, Ruthard (Hrsg.): Höflichkeit – Tugend oder schöner Schein? Frankfurt/ Main 1997.

Stock, Manfred; Mühlberg, Philipp: Die Szene von Innen – Skinheads, Grufties, Heavy Metal, Punks. Berlin 1990.

Teipel, Jürgen: Verschwende deine Jugend – Ein Doku-Roman über den deutschen Punk und New Wave. Frankfurt/ Main 2001.

Teske, Doris: Cultural Studies: GB – Anglistik – Amerikanistik. Berlin 2002.

Thüringer Innenministerium (Hrsg.): Verfassungsschutzbericht 1994. Erfurt 1995.

Willis, Paul: Profane Culture – Rocker, Hippies, Jugendkulturen. Frankfurt/ Main 1981.

2.2. Zeitschriften und Zeitschriftenaufsätze

Ästhetik und Kommunikation, Jg. 7 (1976), Heft 24.

Ästhetik und Kommunikation, Jg. 9 (1978), Heft 31.

Breuer, Heinrich; Lindner, Rolf: „Sind doch nicht alles Beckenbauers" – Fußballsport und Arbeiterviertel am Beispiel Bottrop. In: Ästhetik und Kommunikation, Heft 24, S. 6-33.

Bucher, Thomas; Tepe, Daniel: www.jugendszenen.com – Szeneforschung im Internet. In: Journal der Jugendkulturen, Heft 7, S. 88-91.

CCCS: Selbstdarstellung des Centre for Contemporary Cultural Studies (CCCS). In: Ästhetik und Kommunikation, Heft 24, S. 35-38.

Clarke, John; Jefferson, Tony: Jugendliche Subkulturen in der Arbeiterklasse. In: Ästhetik und Kommunikation, Heft 24, S. 48-60.

El-Nawab, Susanne: Wenn die Nachbarskinder „Zick-Zack-Zeckenpack" rufen, dann ist Punk doch nicht tot! In: Journal der Jugendkulturen, Heft 11, S. 26-33.

Farin, Klaus: Das Archiv der Jugendkulturen e.V. In: Journal der Jugendkulturen, Heft 1, S. 2-7.

Hebdige, Dick: „Heute geht es um eine anti-essentialistische Kulturproduktion vom DJ-Mischpult aus." – Über Cultural Studies, die Autorität des Intellektuellen, Mode und über die Module des Theorie-Samplings. Gespräch von Christian Höller. In: Kunstforum (1996), Heft 135/136, S. 160-164.

Hitzler, Ronald; Bucher, Thomas: Forschungsfeld „Szenen": Ein terminologischer Vorschlag zur theoretischen Diskussion. In: Journal der Jugendkulturen, Heft 2, S. 42-47.

Hitzler, Ronald; Pfadenhauer, Michael: Lernen in Szenen – Über die „andere" Jugendbildung. In: Journal der Jugendkulturen, Heft 12, S. 53-58.

Journal der Jugendkulturen, Jg. 1 (1999), Heft 1.

Journal der Jugendkulturen, Jg. 2 (2000), Heft 2.

Journal der Jugendkulturen, Jg. 4 (2002), Heft 7.

Journal der Jugendkulturen, Jg. 8 (2006), Heft 11.

Journal der Jugendkulturen, Jg. 9 (2007), Heft 12.

Lindner, Rolf: „Punk rules, o.k.!". In: Ästhetik und Kommunikation, Heft 31, S. 56-63.

(Will, Wilfried van der): Einige Daten und Angaben zum CCCS. In: Ästhetik und Kommunikation, Heft 24, S. 60-61.

www.ingramcontent.com/pod-product-compliance
Lightning Source LLC
Chambersburg PA
CBHW062043270326
41929CB00014B/2520